ALFREDO BOULOS JÚNIOR

História
Sociedade & Cidadania

1

Agradeço aos que acenderam em mim o desejo de aprender e ensinar.

Agradeço também àqueles que me apaixonaram pela palavra escrita e pela imagem.

Por fim, agradeço em especial a vocês, professores e alunos, que, com palavras, gestos, olhares e silêncios, fizeram de mim um autor.

Alfredo Boulos Júnior

ALFREDO BOULOS JÚNIOR

Doutor em Educação (área de concentração: História da Educação) pela Pontifícia Universidade Católica de São Paulo.

Mestre em Ciências (área de concentração: História Social) pela Universidade de São Paulo.

Lecionou na rede pública e particular e em cursinhos pré-vestibulares.

É autor de coleções paradidáticas.

Assessorou a Diretoria Técnica da Fundação para o Desenvolvimento da Educação – São Paulo.

FTD

História, Sociedade & Cidadania – História – 1º ano
Copyright © Alfredo Boulos Júnior, 2018

Diretor editorial	Lauri Cericato
Diretora editorial adjunta	Silvana Rossi Júlio
Gerente editorial	Natália Taccetti
Editora	Deborah D'Almeida Leanza
Editor assistente	Guilherme Reghin Gaspar
Assessoria	Rui C. Dias
Gerente de produção editorial	Mariana Milani
Coordenador de produção editorial	Marcelo Henrique Ferreira Fontes
Gerente de arte	Ricardo Borges
Coordenadora de arte	Daniela Máximo
Projeto gráfico	Juliana Carvalho, Bruno Attili
Projeto de capa	Juliana Carvalho
Foto de capa	Rita Barreto
Supervisor de arte	Vinicius Fernandes
Editores de arte	Edgar Sgai, Julia Nakano, Lye Nakagawa
Tratamento de imagens	Ana Isabela Pithan Maraschin, Eziquiel Racheti
Coordenadora de ilustrações e cartografia	Marcia Berne
Ilustrações	Bruna Assis Brasil, Danillo Souza, Fabiana Faiallo, Leninha Lacerda, Leonardo Conceição, Mauro Souza, Vanessa Alexandre
Cartografia	Allmaps, Dacosta Mapas
Coordenadora de preparação e revisão	Lilian Semenichin
Supervisora de preparação e revisão	Viviam Moreira
Revisão	Adriana Périco, Camila Cipoloni, Carina de Luca, Célia Camargo, Felipe Bio, Fernanda Marcelino, Fernanda Rodrigues, Fernando Cardoso, Heloisa Beraldo, Iracema Fantaguci, Paulo Andrade, Pedro Fandi, Rita Lopes, Sônia Cervantes, Veridiana Maenaka
Supervisora de iconografia e licenciamento de textos	Elaine Bueno
Iconografia	Erika Neves do Nascimento, Daniel Cymbalista
Licenciamento de textos	Bárbara Clara
Supervisora de arquivos de segurança	Silvia Regina E. Almeida
Diretor de operações e produção gráfica	Reginaldo Soares Damasceno

---

Dados Internacionais de Catalogação na Publicação (CIP)
(Câmara Brasileira do Livro, SP, Brasil)

Boulos Júnior, Alfredo
 História sociedade & cidadania, 1º ano / Alfredo
Boulos Júnior. – 2. ed. – São Paulo : FTD, 2018.

 ISBN: 978-85-96-01641-4 (aluno)
 ISBN: 978-85-96-01642-1 (professor)

 1. História (Ensino fundamental) I. Título.

18-15813   CDD-372.89

Índices para catálogo sistemático:

 1. História : Ensino fundamental   372.89

1 2 3 4 5 6 7 8 9

Envidamos nossos melhores esforços para localizar e indicar adequadamente os créditos dos textos e imagens presentes nesta obra didática. No entanto, colocamo-nos à disposição para avaliação de eventuais irregularidades ou omissões de crédito e consequente correção nas próximas edições. As imagens e os textos constantes nesta obra que, eventualmente, reproduzam algum tipo de material de publicidade ou propaganda, ou a ele façam alusão, são aplicados para fins didáticos e não representam recomendação ou incentivo ao consumo.

Reprodução proibida: Art. 184 do Código Penal e Lei 9.610 de 19 de fevereiro de 1998.
Todos os direitos reservados à **EDITORA FTD**.

Produção gráfica
FTD EDUCAÇÃO | GRÁFICA & LOGÍSTICA
Avenida Antônio Bardella, 300 – 07220-020 GUARULHOS (SP)
Fone: (11) 3545-8600 e Fax: (11) 2412-5375

Rua Rui Barbosa, 156 – Bela Vista – São Paulo – SP
CEP 01326-010 – Tel. 0800 772 2300
Caixa Postal 65149 – CEP da Caixa Postal 01390-970
www.ftd.com.br
central.relacionamento@ftd.com.br

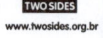

A comunicação impressa
e o papel têm uma ótima
história ambiental
para contar

TWO SIDES
www.twosides.org.br

APRESENTAÇÃO

QUERIDA PROFESSORA, PROFESSOR QUERIDO, QUERIDOS ALUNOS,

LER E ESCREVER É, A NOSSO VER, COMPROMISSO DE TODAS AS ÁREAS E NÃO SOMENTE DA LÍNGUA PORTUGUESA. É, PORTANTO, TAMBÉM UM COMPROMISSO DA ÁREA DE HISTÓRIA. E ESSE COMPROMISSO NÓS ASSUMIMOS ESTIMULANDO A LEITURA E A ESCRITA AO LONGO DOS CINCO LIVROS DESTA COLEÇÃO!

NOSSA COLEÇÃO NASCEU DE MUITAS CONVERSAS QUE TIVEMOS COM HISTORIADORES, EDITORES E ALFABETIZADORES, QUE ENTREGARAM SUA VIDA AO SONHO DE VER UMA CRIANÇA DESCOBRINDO A ESCRITA. NASCEU, TAMBÉM, DAS VIVÊNCIAS COM MEUS ALUNOS, CRIANÇAS E JOVENS DE DIFERENTES ORIGENS E LUGARES.

COM MEUS ALUNOS APRENDI QUE A MINHA MISSÃO DE EDUCADOR É ESTIMULÁ-LOS A SEREM PROTAGONISTAS NA CONSTRUÇÃO DO CONHECIMENTO E DESPERTAR NELES O DESEJO DE CONHECER TODO DIA E CADA VEZ MAIS.

AOS MEUS ALUNOS BUSQUEI MOSTRAR A IMPORTÂNCIA DA EDUCAÇÃO DO OLHAR, DA CONSTRUÇÃO DE CONCEITOS E DO EXERCÍCIO CONSTANTE DA LEITURA E DA ESCRITA. E PROCUREI TAMBÉM ALERTAR PARA A IMPORTÂNCIA DE COMPREENDER SEM JULGAR, POIS À HISTÓRIA NÃO CABE JULGAR, MAS SIM COMPREENDER!

POR FIM, A TODOS QUE OFERECERAM SEU TEMPO E CONHECIMENTO PARA CONSTRUIR ESTA OBRA: ENSAÍSTAS, EDITORES, AUTORES, COLABORADORES E PROFESSORES DOS ANOS INICIAIS DO ENSINO FUNDAMENTAL, EM CUJOS OLHOS EU VI UM OLHAR AMOROSO VOLTADO À CRIANÇA, MEU **MUITO OBRIGADO**.

Alfredo Boulos Júnior

PELOS MOMENTOS DE REFLEXÃO E DEBATES QUE TIVEMOS SOBRE ALFABETIZAÇÃO, LETRAMENTO E HISTÓRIA NO 1º ANO, QUERO AGRADECER COM ESPECIAL CARINHO AS SEGUINTES COLEGAS:

PROFESSORAS PATRÍCIA MARQUES ARAÚJO, ANA GERALCINA VIEIRA, ANA PAULA BOULOS CASTRO E MARIA FERNANDA CARVALHO GONÇALVES.

CONHEÇA SEU LIVRO

ABERTURA DE UNIDADE

O VOLUME POSSUI 4 UNIDADES. AS ABERTURAS DAS UNIDADES SÃO COMPOSTAS EM PÁGINA DUPLA E APRESENTAM GRANDE DIVERSIDADE DE IMAGENS ACOMPANHADAS DE ALGUMAS PERGUNTAS.

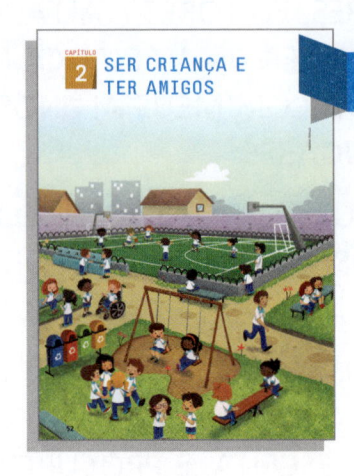

CAPÍTULOS

CADA UNIDADE ESTÁ DIVIDIDA EM CAPÍTULOS, COM IMAGENS, TEXTOS E ATIVIDADES QUE APRESENTAM O CONTEÚDO DE UM JEITO DIVERTIDO E INTERATIVO!

SEÇÕES ESPECIAIS

VOCÊ LEITOR! E VOCÊ ESCRITOR!

ELAS SÃO UM CONVITE PARA QUE VOCÊ DESENVOLVA DUAS ATIVIDADES MUITO IMPORTANTES E INTERESSANTES: A LEITURA DE UMA VARIEDADE DE TEXTOS E IMAGENS E OS REGISTROS DO QUE PENSAMOS E APRENDEMOS POR MEIO DA ESCRITA, DO DESENHO, DA ENTREVISTA, ENTRE OUTROS.

OUTRAS LEITURAS

INDICAÇÕES DE LIVROS RELACIONADOS AOS TEMAS ESTUDADOS.

ÍCONES

ESTAS IMAGENS INDICAM A FORMA COMO VOCÊ VAI TRABALHAR AS ATIVIDADES:

- RESPONDA EM VOZ ALTA E TROQUE IDEIAS COM OS COLEGAS E O PROFESSOR!

- INDICA QUE A ATIVIDADE SERÁ FEITA COM MAIS UM COLEGA.

- AGORA SERÁ A VEZ DE FAZER A ATIVIDADE COM DOIS OU MAIS COLEGAS. O PROFESSOR AJUDA A MONTAR OS GRUPOS.

- INDICA QUE A ATIVIDADE SERÁ FEITA NO CADERNO OU EM FOLHA AVULSA.

MAPAS

AO FINAL DO LIVRO VOCÊ VAI ENCONTRAR ALGUNS MAPAS PARA CONSULTA, POSSIBILITANDO QUE, AOS POUCOS, VOCÊ CONHEÇA UM POUCO MAIS SOBRE DIFERENTES LUGARES DO MUNDO.

VOCÊ CIDADÃO!

ESSA SEÇÃO APRESENTA PROPOSTAS PARA QUE AS SUAS AÇÕES FAÇAM DIFERENÇA NO MUNDO! TEMAS IMPORTANTES DA VIDA EM SOCIEDADE SÃO TRABALHADOS. VAMOS APRENDER JUNTOS O QUE É SER UM CIDADÃO!

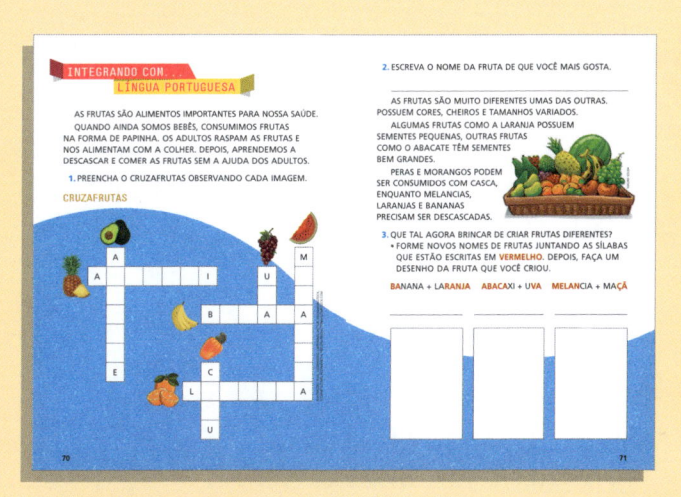

INTEGRANDO COM...

JÁ OBSERVOU COMO ARTE, LÍNGUA PORTUGUESA, GEOGRAFIA, MATEMÁTICA, CIÊNCIAS E HISTÓRIA DIALOGAM O TEMPO TODO? POIS BEM, NAS ATIVIDADES DE INTEGRAÇÃO VOCÊ VAI USAR O QUE APRENDEU EM PELO MENOS DUAS DESSAS DISCIPLINAS E PERCEBER QUE HÁ DIFERENTES MANEIRAS DE OLHAR UM ASSUNTO.

SUMÁRIO

UNIDADE 1 — SER CRIANÇA 8

CAPÍTULO 1 • AS CRIANÇAS E SUAS HISTÓRIAS 10
- THAYLA – SÃO PAULO 10
- RENATA – PARÁ 12
- PEDRO – MINAS GERAIS 14
- GABI – RIO DE JANEIRO 16
- ISABELA – PARANÁ 18
- E VOCÊ, COMO É? 20
    - VOCÊ LEITOR! 22
- NOME, SOBRENOME E APELIDO 23
    - NOME E SOBRENOME 23
    - APELIDO 26
    - VOCÊ LEITOR! 28
    - VOCÊ ESCRITOR! 29

CAPÍTULO 2 • AS MARCAS DO TEMPO 30
- LINHA DO TEMPO 36
- OS OBJETOS TAMBÉM TÊM HISTÓRIA 36
    - INTEGRANDO COM... MATEMÁTICA 38

UNIDADE 2 — CRIANÇA, FAMÍLIA E AMIGOS 40

CAPÍTULO 1 • SER CRIANÇA E TER FAMÍLIA 42
- AS FAMÍLIAS SÃO DIFERENTES 42
    - LUCAS E SEUS FAMILIARES 46
    - VOCÊ LEITOR! 50
    - VOCÊ ESCRITOR! 51

CAPÍTULO 2 • SER CRIANÇA E TER AMIGOS 52
- COMO É SEU AMIGO OU AMIGA? 53
    - VOCÊ LEITOR! 54
    - VOCÊ ESCRITOR! 56
- EMOÇÕES E PREFERÊNCIAS 58
    - VOCÊ CIDADÃO! 60

CAPÍTULO 3 • SER CRIANÇA E IR À ESCOLA 62
VOCÊ CIDADÃO! 64
AS RESPONSABILIDADES EM CASA 65
VOCÊ CIDADÃO! 67
AS RESPONSABILIDADES NA ESCOLA 68
INTEGRANDO COM... LÍNGUA PORTUGUESA 70

UNIDADE 3 — BRINQUEDOS E BRINCADEIRAS 72

CAPÍTULO 1 • BRINQUEDOS E BRINCADEIRAS 74
BRINQUEDOS 74
A PIPA, UM BRINQUEDO ANTIGO E ATUAL 78
VOCÊ LEITOR! 80
DIA DO BRINQUEDO 82
VOCÊ LEITOR! 88
VOCÊ ESCRITOR! 89

CAPÍTULO 2 • OUTROS POVOS, OUTROS MODOS DE BRINCAR ... 90
BRINCADEIRA DE UM POVO INDÍGENA 90
BRINCADEIRA DE UM POVO AFRICANO 94
BRINCADEIRA ITALIANA 98
INTEGRANDO COM... ARTE 102

UNIDADE 4 — VIDA NA FAMÍLIA E NA ESCOLA 104

CAPÍTULO 1 • FAMÍLIAS: MUDANÇAS E PERMANÊNCIAS ... 106
UMA FAMÍLIA MUITO ANTIGA 107
UMA FAMÍLIA ANTIGA 108
UMA FAMÍLIA ATUAL 108

CAPÍTULO 2 • HISTÓRIA DA ESCOLA 111
OS OBJETOS ESCOLARES TÊM HISTÓRIA 113
A CANETA TAMBÉM TEM UMA HISTÓRIA 114
MINHA ESCOLA TAMBÉM TEM HISTÓRIA 115

CAPÍTULO 3 • DATAS COMEMORATIVAS 117
COMEMORAÇÕES NA ESCOLA 120
DIA 5 DE JUNHO – DIA MUNDIAL DO MEIO AMBIENTE ... 120
INTEGRANDO COM... LÍNGUA PORTUGUESA 122

OUTRAS LEITURAS 124
REFERÊNCIAS BIBLIOGRÁFICAS 126
MATERIAL COMPLEMENTAR – MAPAS 127

UNIDADE 1
SER CRIANÇA

OBSERVE AS CRIANÇAS DESTA PÁGINA E DA PÁGINA AO LADO.

- AGORA, RESPONDA ORALMENTE ÀS PERGUNTAS USANDO OS NÚMEROS POSTOS NAS IMAGENS DAS CRIANÇAS:

  A) COMO SÃO AS CRIANÇAS DESSAS PÁGINAS?

  B) QUAL DELAS É MAIS PARECIDA COM VOCÊ?

  C) QUAL DELAS É A MAIS BAIXA?

  D) QUAL DELAS É LOIRA?

  E) QUAL DELAS TEM O CABELO ONDULADO?

  F) QUAL TEM O CABELO LISO E COMPRIDO?

  G) QUAL TEM O CABELO CRESPO?

CAPÍTULO 1
AS CRIANÇAS E SUAS HISTÓRIAS

THAYLA – SÃO PAULO

LEIA A HISTÓRIA DE THAYLA COM O PROFESSOR OU A PROFESSORA.

THAYLA NASCEU EM SÃO PAULO E TEM 8 ANOS. SEUS OLHOS SÃO CASTANHOS. SEU CABELO É PRETO E CRESPO.

THAYLA FICA MUITO TRISTE QUANDO VÊ UM 🐕 DOENTE OU UMA 🧒 SENDO MALTRATADA.

THAYLA FICA FELIZ QUANDO OUVE 🎵.

A MATÉRIA DE QUE ELA MAIS GOSTA É MATEMÁTICA. SUA DIVERSÃO PREFERIDA É VER DESENHO ANIMADO NA 📺. A FRUTA DE QUE ELA MAIS GOSTA É 🍊 E SUA COMIDA PREFERIDA É 🍝.

1. RESPONDA ORALMENTE:

   A) ONDE THAYLA NASCEU?

   B) O QUE FAZ THAYLA FICAR TRISTE?

   C) QUAL É A DISTRAÇÃO PREFERIDA DELA?

   D) DE QUAL FRUTA ELA GOSTA MAIS?

2. E VOCÊ? DESENHE NO ESPAÇO ABAIXO O QUE DEIXA VOCÊ FELIZ.

RENATA – PARÁ

RENATA É DO PARÁ E TEM 7 ANOS. SEUS OLHOS SÃO CASTANHOS. SEU CABELO É LOIRO E CACHEADO.

ELA FICA TRISTE QUANDO VÊ 🧓👵 ABANDONADOS.

ELA FICA FELIZ QUANDO TOMA BANHO NO 🏞️.

A MATÉRIA DE QUE ELA MAIS GOSTA É GEOGRAFIA.

SUA DISTRAÇÃO PREFERIDA É LER 📖.

A FRUTA DE QUE ELA MAIS GOSTA É 🥥.

E SUA COMIDA PREFERIDA É O 🍲.

1. RESPONDA ORALMENTE:

   A) ONDE RENATA NASCEU?

   B) O QUE FAZ RENATA FICAR TRISTE?

   C) QUAL É A DISTRAÇÃO PREFERIDA DELA?

   D) DE QUAL FRUTA ELA GOSTA MAIS?

2. E VOCÊ? DESENHE NO ESPAÇO ABAIXO A SUA DISTRAÇÃO PREFERIDA.

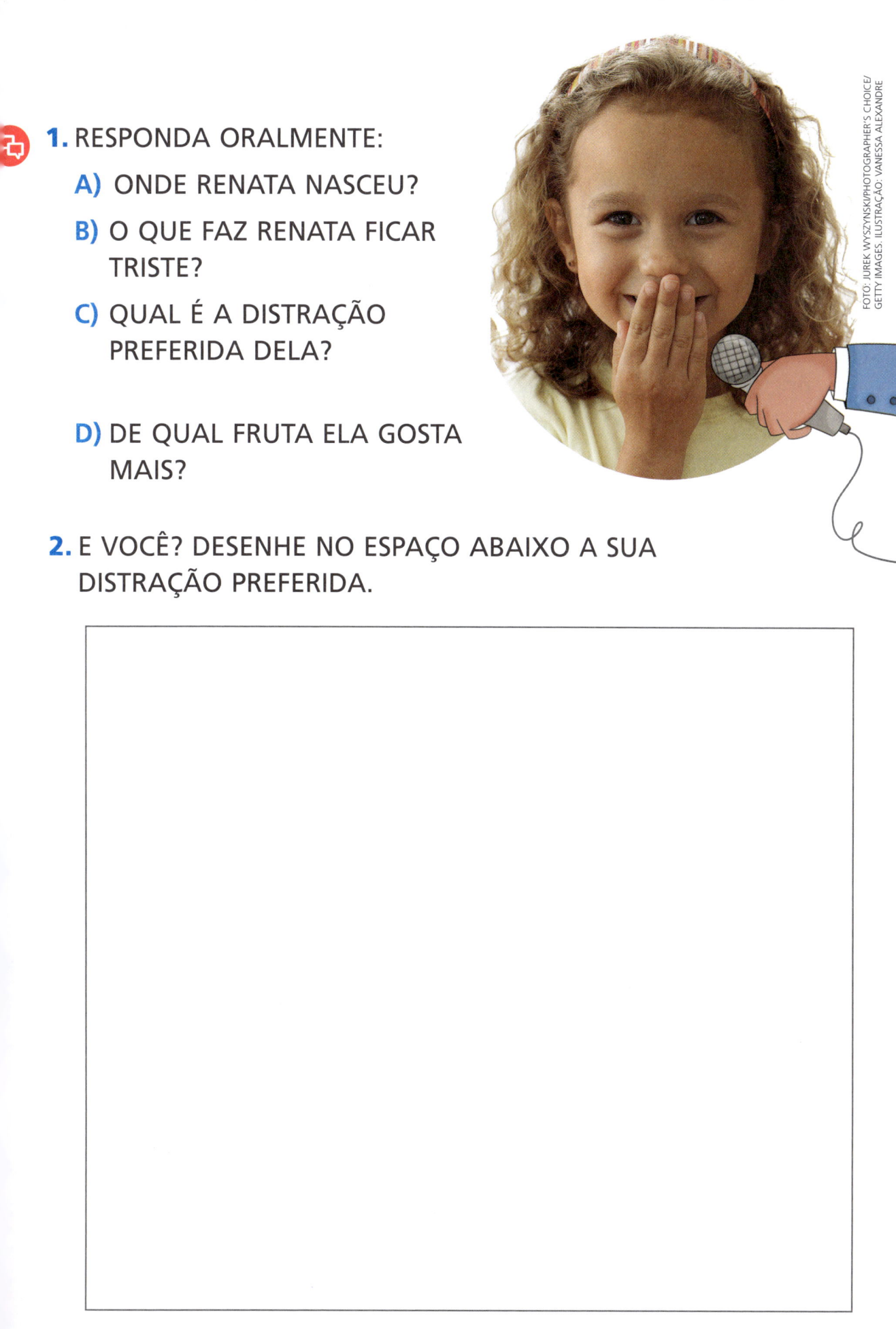

PEDRO – MINAS GERAIS

PEDRO É DE MINAS GERAIS E TEM 7 ANOS.

SEUS OLHOS SÃO PRETOS. SEU CABELO É LISO.

PEDRO FICA TRISTE QUANDO ESTÁ 🌧️ E NÃO PODE BRINCAR COM OS AMIGOS NA QUADRA.

ELE FICA FELIZ QUANDO PODE 🛝 COM OS AMIGOS.

A MATÉRIA DE QUE ELE MAIS GOSTA É CIÊNCIAS.

SUA DISTRAÇÃO PREFERIDA É JOGAR 🎮 .

A FRUTA DE QUE ELE MAIS GOSTA É 🍐 .

E SUA COMIDA PREFERIDA É 🍽️

1. **RESPONDA ORALMENTE:**
   A) ONDE PEDRO NASCEU?
   B) O QUE FAZ PEDRO FICAR TRISTE?
   C) QUAL É A DISTRAÇÃO PREFERIDA DELE?
   D) DE QUAL FRUTA ELE GOSTA MAIS?

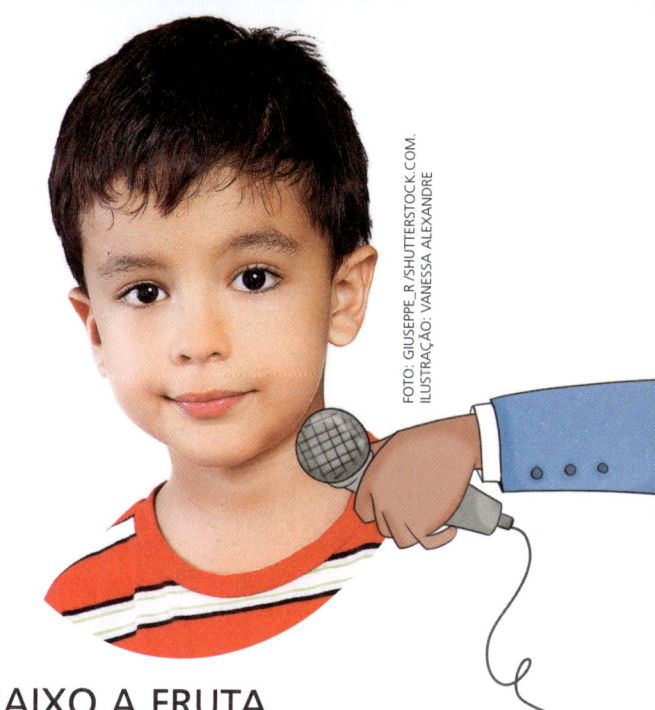

2. E VOCÊ? DESENHE NO ESPAÇO ABAIXO A FRUTA DE QUE VOCÊ MAIS GOSTA.

GABI – RIO DE JANEIRO

GABI É DO RIO DE JANEIRO E TEM 9 ANOS.

SEUS OLHOS SÃO CASTANHOS. SEU CABELO É CASTANHO CLARO E CACHEADO.

ELA FICA TRISTE QUANDO VÊ UMA PESSOA .

ELA FICA FELIZ QUANDO VÊ UM LINDO .

A MATÉRIA DE QUE ELA MAIS GOSTA É HISTÓRIA.

SUA DISTRAÇÃO PREFERIDA É COM AMIGOS.

A FRUTA DE QUE ELA MAIS GOSTA É .

E SUA COMIDA PREFERIDA É .

1. RESPONDA ORALMENTE:
   A) ONDE GABI NASCEU?
   B) O QUE FAZ GABI FICAR TRISTE?
   C) QUAL É A DISTRAÇÃO PREFERIDA DELA?
   D) DE QUAL FRUTA ELA GOSTA MAIS?

2. E VOCÊ? DESENHE NO ESPAÇO ABAIXO A SUA COMIDA PREFERIDA.

ISABELA – PARANÁ

ISABELA É DO PARANÁ E TEM 8 ANOS.

SEUS OLHOS SÃO CASTANHOS. SEU CABELO É CASTANHO E LISO.

ELA FICA TRISTE QUANDO VÊ  .

ELA FICA FELIZ QUANDO VÊ A  REUNIDA.

A MATÉRIA DE QUE ELA MAIS GOSTA É PORTUGUÊS.

SUA DISTRAÇÃO PREFERIDA É VER VÍDEOS SOBRE  NA INTERNET.

A FRUTA DE QUE ELA MAIS GOSTA É .

E SUA COMIDA PREFERIDA É  FEITO POR SEU PAI.

1. RESPONDA ORALMENTE:

A) ONDE ISABELA NASCEU?

B) O QUE FAZ ISABELA FICAR TRISTE?

C) QUAL É A DISTRAÇÃO PREFERIDA DELA?

D) DE QUAL FRUTA ELA GOSTA MAIS?

2. E VOCÊ? DESENHE NO ESPAÇO ABAIXO O QUE DEIXA VOCÊ TRISTE.

E VOCÊ, COMO É?

1. RESPONDA ORALMENTE:
   A) SEU NOME.
   B) SUA IDADE.
   C) COR DE SEUS OLHOS.
   D) COR DO SEU CABELO.
   E) TIPO DO SEU CABELO.

2. AGORA VOU ENTREVISTÁ-LO PARA MELHOR CONHECÊ-LO:
   A) EM QUE LUGAR VOCÊ NASCEU?
   B) QUAL A SUA MATÉRIA PREFERIDA?
   C) QUAL É A SUA BRINCADEIRA PREFERIDA?

3. COLE OU DESENHE UMA IMAGEM SUA OU COM PESSOAS QUE VOCÊ AMA.

VOCÊ LEITOR!

LEIA COM O PROFESSOR A CANÇÃO A SEGUIR.

CRIANÇA É VIDA

BRINCANDO DE CARRINHO
OU DE BOLA DE GUDE

CRIANÇA QUER CARINHO
CRIANÇA QUER SAÚDE

CHUTANDO UMA BOLA
OU FAZENDO UM AMIGO

CRIANÇA QUER ESCOLA
CRIANÇA QUER ABRIGO

LENDO UM GIBI
OU GIRANDO UM BAMBOLÊ

CRIANÇA QUER SORRIR
CRIANÇA QUER CRESCER

A GENTE QUER
A GENTE QUER
A GENTE QUER SER FELIZ
CRIANÇA É VIDA
E A GENTE NÃO SE CANSA
DE SER PRA SEMPRE UMA
   CRIANÇA

[...]

LUÍS MACEDO E FERNANDO SALEM. INSTITUTO CRIANÇA É VIDA.
INTÉRPRETE: TOQUINHO. **CRIANÇA É VIDA**. SÃO PAULO: JUKEBOX, 1999. 1 CD.

1. E PARA VOCÊ, O QUE É SER CRIANÇA?

2. CIRCULE NA CANÇÃO A FRASE DE QUE VOCÊ MAIS GOSTOU.

3. EM UMA FOLHA À PARTE, CRIE ILUSTRAÇÕES PARA A CANÇÃO.

NOME, SOBRENOME E APELIDO

AS PESSOAS TÊM NOME E SOBRENOME. O NOME E O SOBRENOME SERVEM PARA IDENTIFICAR UMA PESSOA. GERALMENTE, UM DOS SOBRENOMES PERTENCE À FAMÍLIA DA MÃE E O OUTRO, À FAMÍLIA DO PAI.

COLE SUA FOTO AQUI.

NOME E SOBRENOME

1. COLE UMA FOTO SUA E RESPONDA:

A) MEU NOME É:

_____

B) VOCÊ POSSUI MAIS DE UM SOBRENOME?

☐ SIM.   ☐ NÃO.

C) E O MEU SOBRENOME É:

_____

_____

D) VOCÊ CONHECE ALGUÉM COM O MESMO NOME QUE O SEU?

_____

E) ESCREVA O NOME DE UMA PESSOA DE QUEM VOCÊ GOSTA:

_____

23

2. LOCALIZE E PINTE NO ALFABETO:

A	B	C	D	E	F
G	H	I	J	K	L
M	N	O	P	Q	R
S	T	U	V		
W	X	Y	Z		

A) DE **VERMELHO**, A ÚLTIMA LETRA DO NOME DA **LALI**.

B) DE **AMARELO**, A PRIMEIRA LETRA DO NOME DA **LUNA**.

C) DE **MARROM**, A ÚLTIMA LETRA DO NOME DO **JÚLIO**.

D) DE **VERDE**, A PRIMEIRA LETRA DO NOME DO **BOB ESPONJA**.

3. OBSERVE A IMAGEM.

RESPONDA ORALMENTE:

A) O QUE O DESENHO MOSTRA?

B) COMO O TÉCNICO PODE DIFERENCIAR UMA JOGADORA DA OUTRA SEM OLHAR PARA ELAS?

APELIDO

AS PESSOAS TÊM NOME, SOBRENOME E, ÀS VEZES, TAMBÉM TÊM APELIDO. APELIDO É MUITAS VEZES UMA ABREVIAÇÃO DO NOME. EXEMPLOS: ZÉ (APELIDO DE JOSÉ), BETO (APELIDO DE ROBERTO).

MAS, SE ALGUNS APELIDOS PODEM SER CARINHOSOS, OUTROS PODEM OFENDER. PARA NÃO MAGOAR AS PESSOAS, É IMPORTANTE SABER SE ELAS NÃO SE IMPORTAM DE SEREM CHAMADAS POR DETERMINADO APELIDO.

1. VOCÊ JÁ FOI CHAMADO POR UM APELIDO DO QUAL NÃO GOSTOU? SE JÁ FOI, COMO VOCÊ REAGIU?

    A) ☐ FICOU TRISTE.

    B) ☐ FICOU ZANGADO.

    C) ☐ CHOROU.

2. VOCÊ JÁ CHAMOU ALGUÉM POR UM APELIDO QUE DEIXOU ESSA PESSOA TRISTE? COMO ELA REAGIU?

    A) ☐ FICOU TRISTE.

    B) ☐ FICOU ZANGADA.

    C) ☐ CHOROU.

3. COM A AJUDA DO PROFESSOR, DEBATAM SOBRE APELIDOS QUE MAGOAM AS PESSOAS.

4. CRIE DESENHOS MOSTRANDO QUE APELIDOS PODEM MAGOAR AS PESSOAS.

VOCÊ LEITOR!

LEIA COM O PROFESSOR.

GENTE TEM SOBRENOME
LETRA E MÚSICA DE TOQUINHO

[...]
COISAS GOSTOSAS TÊM NOME
BOLO, MINGAU E PUDIM
DOCES NÃO TÊM SOBRENOME
MAS A GENTE SIM.
RENATO É ARAGÃO, O QUE FAZ CONFUSÃO
CARLITOS É O CHARLES CHAPLIN
E TEM O VINÍCIUS, QUE ERA DE MORAES
E O TOM BRASILEIRO É JOBIM.
QUEM TEM APELIDO, ZICO, MAGUILA
XUXA, PELÉ E HE-MAN
TEM SEMPRE UM NOME E DEPOIS DO NOME
TEM SOBRENOME TAMBÉM.

TOQUINHO. **GENTE TEM SOBRENOME**.
DISPONÍVEL EM: <HTTPS://WWW.VAGALUME.COM.BR/
TOQUINHO/GENTE-TEM-SOBRENOME.HTML>.
ACESSO EM: 14 FEV. 2017.

ILUSTRAÇÕES: LENINHA LACERDA

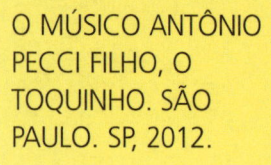

ANDRE STEFANO/FOTOARENA

O MÚSICO ANTÔNIO PECCI FILHO, O TOQUINHO. SÃO PAULO. SP, 2012.

1. TOQUINHO É UM NOME OU UM APELIDO?

_____

2. CIRCULE OS NOMES DOS ALIMENTOS DOCES NO TEXTO.

3. ESCREVA **V** PARA VERDADEIRO E **F** PARA FALSO.

☐ TOQUINHO É UM APELIDO CARINHOSO.

☐ FLORES NÃO TÊM SOBRENOME, MAS GENTE SIM.

☐ ZICO, XUXA E PELÉ SÃO NOMES.

☐ GENTE TEM SOBRENOME E BRINQUEDOS TAMBÉM.

VOCÊ ESCRITOR!

- AJUDE O PROFESSOR A ESCOLHER ALGUNS SOBRENOMES DE ALUNOS DA SUA CLASSE. E DEPOIS, COPIE OS SOBRENOMES ESCRITOS NA LOUSA PELO PROFESSOR.

A) _____

B) _____

C) _____

D) _____

E) _____

F) _____

CAPÍTULO 2

AS MARCAS DO TEMPO

SERÁ QUE THAYLA, RENATA, PEDRO, GABI E ISABELA ESTÃO DO MESMO TAMANHO? NOTOU QUE VOCÊ TAMBÉM ESTÁ CRESCENDO?

POIS É, HÁ VÁRIAS MANEIRAS DE PERCEBER O PASSAR DO TEMPO; UMA DELAS É OBSERVAR AS MUDANÇAS OCORRIDAS NO NOSSO CORPO.

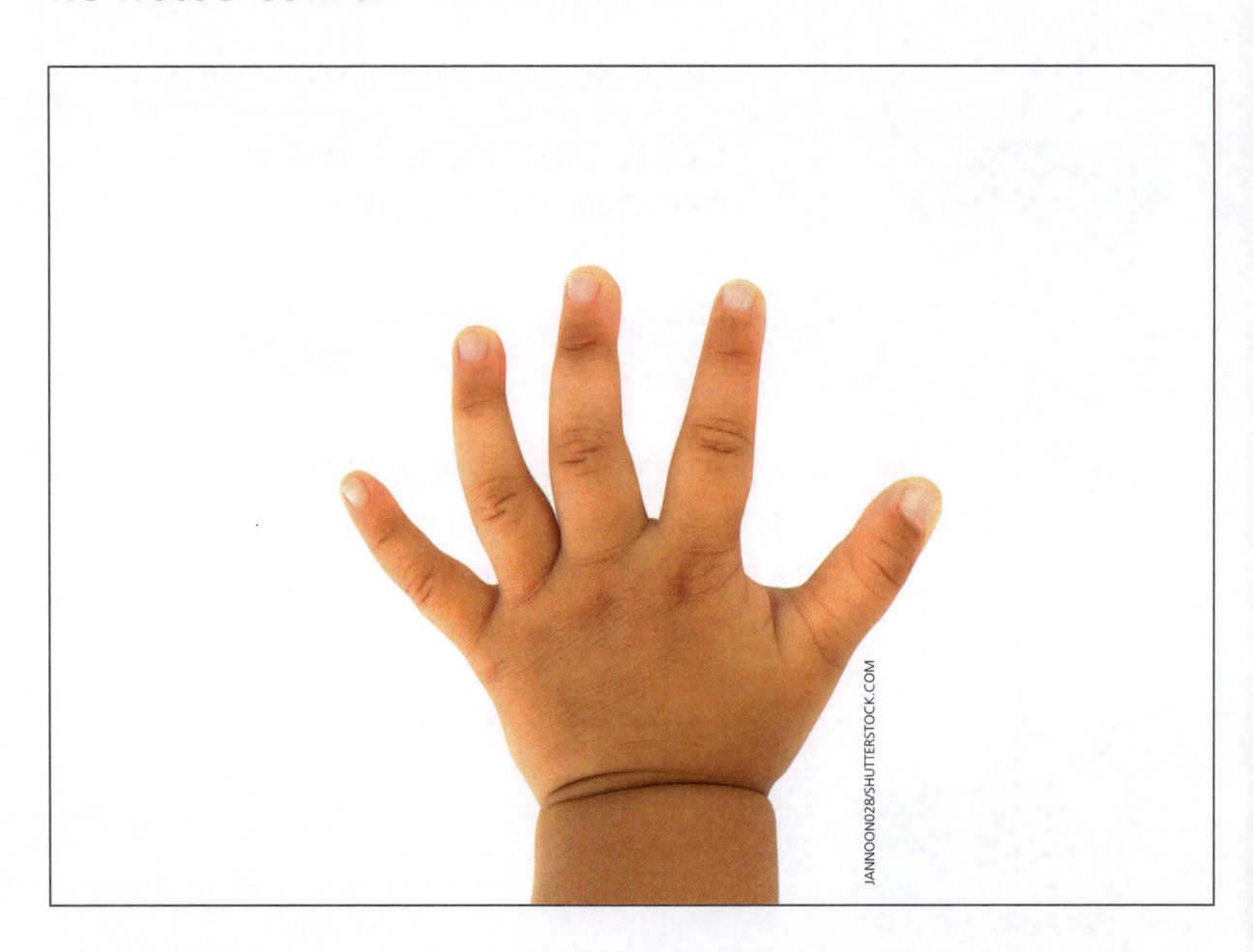

JANNOON028/SHUTTERSTOCK.COM

1. A MÃO QUE VOCÊ VÊ É DE UM BEBÊ. COLOQUE A PALMA DA SUA MÃO SOBRE A FOTO DA MÃO DO BEBÊ E RESPONDA:
- O QUE É POSSÍVEL PERCEBER?

2. ENCONTRE AS PALAVRAS QUE CORRESPONDEM ÀS FASES DA VIDA DE UMA PESSOA E COLOQUE ESSAS PALAVRAS EM UMA SEQUÊNCIA TEMPORAL.

A	E	Z	E	G	X	B	E	B	Ê
C	R	I	A	N	Ç	A	S	B	R
M	O	A	D	F	G	A	N	M	B
D	F	I	D	O	S	O	A	L	K
C	V	X	W	A	M	T	Y	F	I
P	O	L	A	D	U	L	T	O	O
V	E	F	B	R	O	X	B	A	J
M	O	J	O	V	E	M	W	S	P
I	S	F	W	A	K	N	A	L	A

OUTRA MANEIRA DE PERCEBER A PASSAGEM DO TEMPO É ACOMPANHAR O CRESCIMENTO DE UM CACHORRO. OBSERVE AS FOTOS.

MIKKEL BIGANDT/SHUTTERSTOCK.COM

GETTY IMAGES/MOMENT RF

DANACAN/SHUTTERSTOCK.COM

- PELAS IMAGENS ACIMA, PERCEBE-SE QUE O TEMPO PASSOU.
- A) EM QUE FIGURA O CACHORRO ESTÁ MAIS JOVEM? EM QUAL DELAS ESTÁ MAIS IDOSO?
- B) COMO VOCÊ CHEGOU A ESTA CONCLUSÃO?

TAMBÉM PODEMOS PERCEBER A PASSAGEM DO TEMPO OBSERVANDO O CRESCIMENTO DE UMA ÁRVORE. ESTA ÁRVORE, POR EXEMPLO, JÁ FOI PEQUENINA, DE TAMANHO MÉDIO E AGORA ESTÁ EM SUA PLENITUDE!

[...] A ÁRVORE É FONTE DE ABRIGO
DELA, SOMOS TODOS AMIGOS
É UMA FONTE ALIMENTAR
QUE TODOS DEVEM PRESERVAR. [...]

REGINALDO FRANCISCO DE OLIVEIRA E GILSON JOÃO DE LIMA. **ÁRVORE É VIDA**. DISPONÍVEL EM: <HTTP://SAOFRANCISCODOCONDE.BA.GOV.BR/ALUNOS-DE-ESCOLAS-MUNICIPAIS-REALIZAM-ACAO-DE-RECOMPOSICAO-DA-MATA-CILIAR-EM-SAO-BENTO>. ACESSO EM: 16 MAR. 2018.

ÁRVORE COM FRUTOS.

1. NO TERCEIRO VERSO DO POEMA SOBRE A ÁRVORE, "FONTE ALIMENTAR" QUER DIZER QUE:

A) ☐ TODO ALIMENTO NASCE EM ÁRVORES.

B) ☐ A ÁRVORE POSSUI FOLHAS E FRUTOS QUE SERVEM DE ALIMENTO.

2. POR QUE AS ÁRVORES SÃO IMPORTANTES?

_____

_____

_____

_____

3. RELACIONE CADA FIGURA A UMA LETRA E DESCUBRA O NOME DA ÁRVORE QUE APARECE NA PÁGINA ANTERIOR.

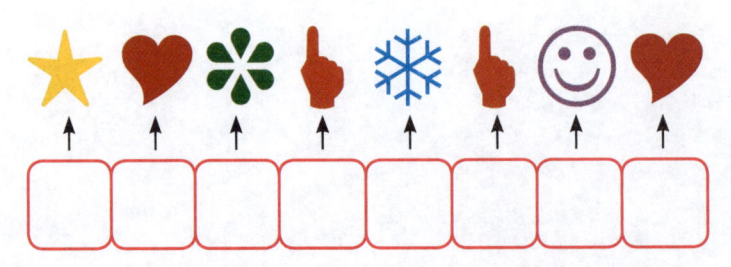

👆 = I   ✤ = C   ♥ = A   ⭐ = M   ❄ = E   ☺ = R

⭐ ♥ ✤ 👆 ❄ 👆 ☺ ♥
↑ ↑ ↑ ↑ ↑ ↑ ↑ ↑
☐ ☐ ☐ ☐ ☐ ☐ ☐ ☐

4. VOCÊ JÁ PAROU À SOMBRA DE UMA ÁRVORE?

5. MUITAS FRUTAS NASCEM EM ÁRVORES. DIGA AOS SEUS COLEGAS DE QUAL FRUTA VOCÊ MAIS GOSTA.

QUANDO OLHAMOS NOSSAS FOTOS ANTIGAS E ATUAIS, TAMBÉM PERCEBEMOS A PASSAGEM DO TEMPO.

- AS FOTOGRAFIAS A SEGUIR SÃO DA MESMA PESSOA. LIGUE CADA FOTOGRAFIA À LEGENDA ADEQUADA A ELA.

A)

B)

C)

D)

MENINO COM 8 ANOS.

RAPAZ DE 18 ANOS.

MENINO BEBÊ.

MENINO COM 3 ANOS.

LINHA DO TEMPO

PARA REGISTRAR E ORGANIZAR OS ACONTECIMENTOS NA HISTÓRIA DE UMA PESSOA, DO MAIS ANTIGO PARA O MAIS RECENTE, CONSTRUÍMOS UMA **LINHA DO TEMPO**. VEJA O EXEMPLO A SEGUIR.

- LARISSA COM 1 ANO
- LARISSA COM 4 ANOS
- LARISSA COM 9 ANOS

OS OBJETOS TAMBÉM TÊM HISTÓRIA

OS OBJETOS TAMBÉM TÊM UMA HISTÓRIA. OBSERVE AS IMAGENS DOS CARRINHOS APLICADAS NESTA PÁGINA E NA SEGUINTE.

1. CAMINHÃO DE MADEIRA
2. CARRINHO DE PLÁSTICO

LARISSA COM 15 ANOS • LARISSA COM 25 ANOS • LARISSA COM 50 ANOS

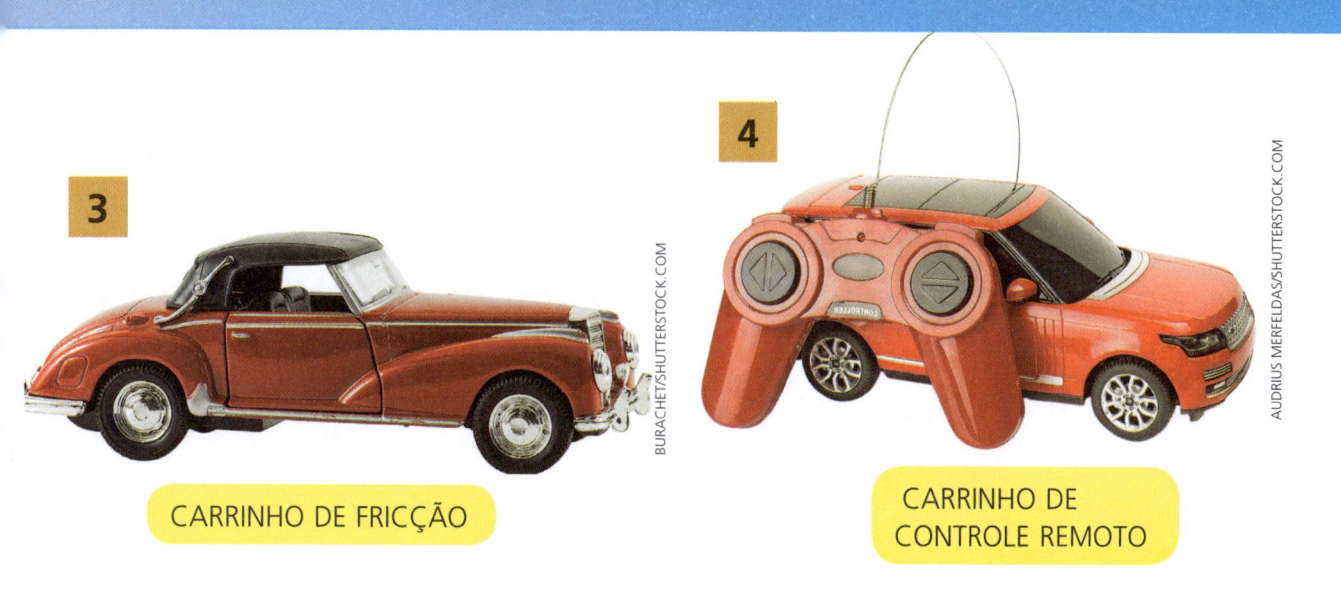

3 CARRINHO DE FRICÇÃO

4 CARRINHO DE CONTROLE REMOTO

1. QUAL É O CARRINHO MAIS ANTIGO?

_____

2. QUAL É O CARRINHO MAIS RECENTE?

_____

INTEGRANDO COM... MATEMÁTICA

AGORA VAMOS FAZER UMA LINHA DO TEMPO DA SUA VIDA. MÃOS À OBRA.

COLE SUA FOTO AQUI

1. PINTE DE AMARELO O QUADRINHO DO ANO EM QUE VOCÊ NASCEU.

2. PINTE DE AZUL O QUADRINHO DO ANO EM QUE ESTAMOS.

3. PINTE DE VERDE OS QUADRINHOS DOS ANOS ENTRE UMA DATA E OUTRA.

4. NOS ESPAÇOS AO LADO DOS ANOS, USE OS SÍMBOLOS PARA INDICAR:
   • O ANO EM QUE VOCÊ COMEÇOU A FALAR: ☐
   • O ANO EM QUE VOCÊ ENTROU NA ESCOLA: ◇

5. ESCREVA A SEGUIR O ANO EM QUE VOCÊ COMPLETOU SEIS ANOS.

_____

6. COMPARE A SUA LINHA DO TEMPO À DE SEU AMIGO. ELA É IGUAL OU DIFERENTE? POR QUÊ?

LINHA DO TEMPO DA MINHA VIDA

2009 ☐	2010 ☐	2011 ☐
2012 ☐	2013 ☐	2014 ☐
2015 ☐	2016 ☐	2017 ☐
2018 ☐	2019 ☐	2020 ☐
2021 ☐	2022 ☐	2023 ☐
2024 ☐	2025 ☐	2026 ☐

UNIDADE 2
CRIANÇA, FAMÍLIA E AMIGOS

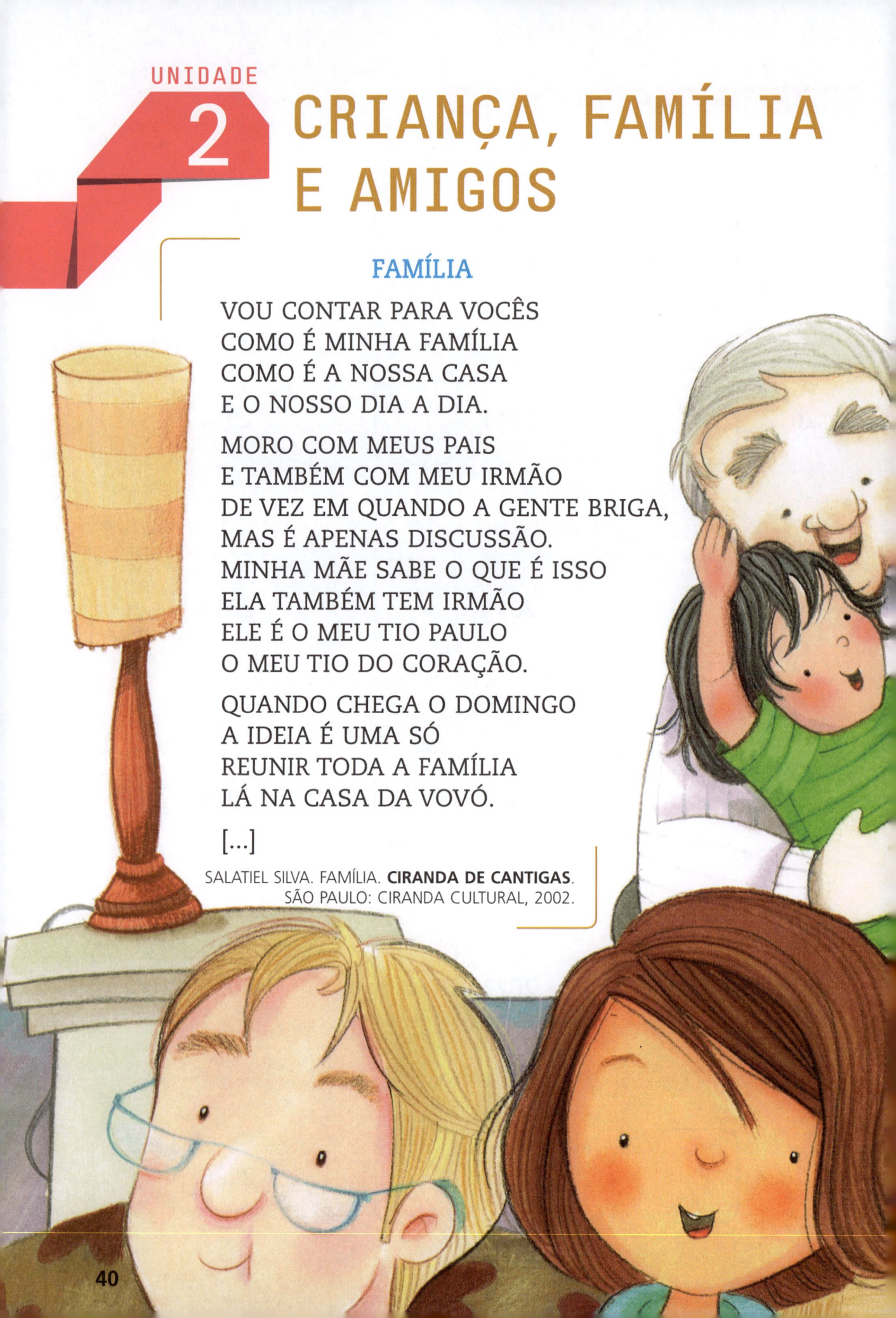

FAMÍLIA

VOU CONTAR PARA VOCÊS
COMO É MINHA FAMÍLIA
COMO É A NOSSA CASA
E O NOSSO DIA A DIA.

MORO COM MEUS PAIS
E TAMBÉM COM MEU IRMÃO
DE VEZ EM QUANDO A GENTE BRIGA,
MAS É APENAS DISCUSSÃO.
MINHA MÃE SABE O QUE É ISSO
ELA TAMBÉM TEM IRMÃO
ELE É O MEU TIO PAULO
O MEU TIO DO CORAÇÃO.

QUANDO CHEGA O DOMINGO
A IDEIA É UMA SÓ
REUNIR TODA A FAMÍLIA
LÁ NA CASA DA VOVÓ.

[...]

SALATIEL SILVA. FAMÍLIA. **CIRANDA DE CANTIGAS**. SÃO PAULO: CIRANDA CULTURAL, 2002.

1. RESPONDA ORALMENTE.
   A) QUAL É O ASSUNTO DO POEMA?
   B) O QUE SE VÊ NA IMAGEM?
2. COLOQUE AS PALAVRAS ABAIXO EM ORDEM ALFABÉTICA.

IRMÃO	MÃE	
VOVÔ	TIO	FAMÍLIA

_____

_____

_____

_____

_____

CAPÍTULO 1

SER CRIANÇA E TER FAMÍLIA

AS FAMÍLIAS SÃO DIFERENTES

CADA CRIANÇA É ÚNICA E TEM A SUA HISTÓRIA. ESSA HISTÓRIA ESTÁ LIGADA À DE SUA FAMÍLIA.

AS FAMÍLIAS, POR SUA VEZ, SÃO DIFERENTES UMAS DAS OUTRAS. CONHEÇA ALGUMAS DELAS.

FAMÍLIA FORMADA POR MARIDO E SUA FILHA, A ESPOSA E SEU FILHO E UMA FILHA DO CASAL.

FAMÍLIA FORMADA POR MÃE E FILHO.

FAMÍLIA FORMADA POR PAI, MÃE E FILHOS.

FAMÍLIA FORMADA POR PAI E FILHO.

FAMÍLIA FORMADA POR AVÔ, AVÓ E NETOS.

FAMÍLIA FORMADA POR IRMÃS.

1. DESENHE O ROSTO DAS PESSOAS QUE MORAM COM VOCÊ. DEPOIS, LIGUE ESSAS PESSOAS À CASA.

MÃE   PAI   MADRASTA   PADRASTO

IRMÃOS   OUTRO PARENTE

AVÓ   AVÔ

PRIMOS   TIA   OUTRO PARENTE   TIO

2. ESCREVA O NOME DAS PESSOAS QUE VIVEM COM VOCÊ.

3. DESENHE A SUA FAMÍLIA. DEPOIS, PINTE O DESENHO COM CORES DA SUA PREFERÊNCIA. DÊ UM TÍTULO AO SEU DESENHO.

LUCAS E SEUS FAMILIARES

O MENINO LUCAS TEM UMA FAMÍLIA NUMEROSA. SUA MÃE SE CHAMA DULCE, E SUA AVÓ, CLARICE. O IRMÃO DE DONA DULCE, O TIO DE LUCAS, SE CHAMA LÁZARO. ELE TEM DOIS FILHOS: THAÍS E PEDRO. ESTE ANO LUCAS GANHOU UM IRMÃO ADOTIVO QUE SE CHAMA JOÃO CARLOS.

LEONARDO CONCEIÇÃO

1. RESPONDA ORALMENTE:

A) O QUE CLARICE É DE LUCAS?

B) O QUE O IRMÃO DA MÃE DE LUCAS É DELE?

C) O QUE THAÍS E PEDRO SÃO DE LUCAS?

D) O QUE CLARICE É DE JOÃO CARLOS?

2. ESCREVA MENSAGENS BONITAS PARA PESSOAS DA SUA FAMÍLIA USANDO PALAVRAS E SÍMBOLOS. VEJA OS EXEMPLOS:

VOVÓ, VOCÊ VIVE NO MEU ❤.

TIA, ESSA 🌺 É PARA VOCÊ!

PRIMO, BRINCAR COM VOCÊ ME DEIXA 🙂.

IRMÃ, EU 😍 VOCÊ!

ILUSTRAÇÕES: MAXIM MATSEVICH, OBER-ART, WIKKI, MARYSUPERSTUDIO/SHUTTERSTOCK.COM

_____

_____

_____

_____

_____

_____

_____

3. COMPLETE AS LACUNAS E DEPOIS ENCONTRE AS PALAVRAS NO DIAGRAMA:

A) O PAI DA MINHA MÃE É MEU _____.

B) O FILHO DO MEU PAI É MEU _____.

C) EU SOU FILHO DA MINHA _____.

D) O FILHO DA MINHA TIA É MEU _____.

E) A IRMÃ DA MINHA MÃE É MINHA _____.

F) O IRMÃO DO MEU PAI É MEU _____.

A	Y	O	H	G	D	A	V	Ô	L	H	X	W	A	K	T	E
P	R	I	M	O	T	D	U	P	N	J	P	T	Z	O	T	O
K	G	W	R	V	D	P	L	H	W	P	M	T	I	O	J	T
M	L	H	R	M	Ã	E	X	Z	H	K	G	D	V	D	P	L
S	J	V	A	W	M	P	T	I	A	F	J	I	R	M	Ã	O

4. COMPLETE AS LETRAS QUE FALTAM NO ALFABETO APLICADO NA AGENDA. DEPOIS, AJUDE REBECA A ORDENAR A AGENDA TELEFÔNICA DE SEUS FAMILIARES.

A) A TIA DE REBECA SE CHAMA TÂNIA. EM QUAL LETRA ELA DEVE COLOCAR O NOME E O TELEFONE DE SUA TIA? _____

B) SUA AVÓ SE CHAMA FÁTIMA. EM QUAL LETRA ELA DEVE COLOCAR O NOME E O TELEFONE DE SUA AVÓ? _____

C) SEU AVÔ SE CHAMA PEDRO. EM QUAL LETRA ELA DEVE COLOCAR O NOME E O TELEFONE DE SEU AVÔ? _____

D) SUA PRIMA SE CHAMA MARIA. EM QUAL LETRA ELA DEVE COLOCAR O NOME E O TELEFONE DA SUA PRIMA? _____

VOCÊ LEITOR!

OS AVÓS SÃO FIGURAS MUITO IMPORTANTES EM UMA FAMÍLIA. LEIA OS VERSOS COM O PROFESSOR.

DESEJO DO CHEIRO DA CASA DA AVÓ

TUDO O QUE A AVÓ FABRICA
EM SUA COZINHA ENCANTADA
TEM CHEIRO BOM:
BOLO DE CHOCOLATE, BISCOITO DE NATA,
SONHOS EMBRULHADOS
EM AÇÚCAR E CANELA,
[...]
NA CASA DA AVÓ
O AR É PERFUMADO
E PARECE UM ABRAÇO
E ATÉ O FINAL DOS TEMPOS
O CHEIRO DA CASA DA AVÓ
FICA GRUDADO EM NOSSO
PENSAMENTO.

ROSEANA MURRAY. DESEJO DO CHEIRO DA CASA DA AVÓ. IN: ROSEANA MURRAY. **POÇO DOS DESEJOS**. SÃO PAULO: MODERNA, 2014.

1. CIRCULE NO TEXTO O NOME DO BOLO QUE A VOVÓ FAZ.

2. RESPONDA ORALMENTE.

A) COMO É A COZINHA DA AVÓ?

B) E O AR DA CASA DA AVÓ, COMO É?

3. COMPLETE: TODOS NÓS TEMOS DUAS AVÓS; UMA É A _____ DA MAMÃE, E A OUTRA, A MÃE DO _____ .

VOCÊ ESCRITOR!

LEIA COM O PROFESSOR A RECEITA DE UM BOLO.

INGREDIENTES

3 OVOS
1 XÍCARA (CHÁ) DE ÓLEO DE COZINHA
1 XÍCARA (CHÁ) DE ÁGUA MORNA
1 PITADA DE SAL
1 XÍCARA (CHÁ) DE AÇÚCAR
2 XÍCARAS (CHÁ) DE FARINHA DE TRIGO
1 XÍCARA (CHÁ) DE ACHOCOLATADO EM PÓ
1 COLHER (SOPA) DE FERMENTO QUÍMICO EM PÓ

MODO DE PREPARO

BATA OS OVOS POR DOIS MINUTOS. JUNTE O SAL, O AÇÚCAR, A FARINHA, O ÓLEO E O ACHOCOLATADO E CONTINUE BATENDO. DEPOIS PONHA O FERMENTO E, POR ÚLTIMO, A ÁGUA. ASSE EM UMA FORMA UNTADA COM ÓLEO E FARINHA DE TRIGO.

1. DESCUBRA E ESCREVA O NOME DO BOLO.

_____

2. PINTE O BOLO DA COR QUE ELE COSTUMA SER.

3. VOCÊ GOSTA DESTE BOLO? SE A RESPOSTA FOR NÃO, ESCREVA O NOME DO BOLO DE QUE VOCÊ MAIS GOSTA.

_____

CAPÍTULO
2

SER CRIANÇA E TER AMIGOS

COMO É SEU AMIGO OU AMIGA?

1. VOCÊ TEM MUITOS AMIGOS? PENSE EM UM AMIGO OU AMIGA E ESCREVA O NOME DELE OU DELA COM A AJUDA DO PROFESSOR.

_____

2. PINTE DE AZUL OS QUADRADINHOS QUE INDICAM COMO ELE OU ELA É:

- ELE OU ELA É:

  ☐ MENINO.   ☐ ALTO(A).   ☐ BRINCALHÃO(ONA).

  ☐ MENINA.   ☐ BAIXO(A). ☐ SÉRIO(A).

3. ASSINALE COM **X**:

A) OS OLHOS DELE OU DELA SÃO:

☐ CASTANHOS.   ☐ PUXADOS.

☐ VERDES.   ☐ ARREDONDADOS.

☐ AZUIS.   ☐ GRANDES.

B) OS CABELOS DELE OU DELA SÃO:

☐ CASTANHOS.   ☐ ONDULADOS.   ☐ COMPRIDOS.

☐ PRETOS.   ☐ LISOS.   ☐ CURTOS.

☐ LOIROS.   ☐ CRESPOS.   ☐ COMPRIMENTO MÉDIO.

4. EM UMA FOLHA À PARTE APLIQUE UM DESENHO OU UMA COLAGEM COM O TEMA "AMIZADE". A SEGUIR, OFEREÇA-O A SEU AMIGO OU SUA AMIGA.

ILUSTRAÇÕES: FABIANA FAIALLO

VOCÊ LEITOR!

LEIA COM O PROFESSOR O TEXTO ABAIXO.

GOSTO NÃO SE DISCUTE

EU GOSTO DE AZUL,
VOCÊ GOSTA DE LARANJA,
VOCÊ GOSTA DE CAJU,
EU GOSTO DE PITANGA,
EU GOSTO DE ESCURO,
VOCÊ GOSTA DE LUAR,
EU GOSTO DE BOSQUE,
VOCÊ GOSTA DE MAR,
EU GOSTO DE SEDA,
VOCÊ GOSTA DE ALGODÃO,
EU GOSTO DE CÃO,
VOCÊ GOSTA DE GATO,
EU GOSTO DE GIRASSOL,
VOCÊ GOSTA DE JASMIM,
MAS O QUE IMPORTA
É QUE EU GOSTO DE VOCÊ
E VOCÊ GOSTA DE MIM.

ROSEANA MURRAY. **QUEM VÊ CARA NÃO VÊ CORAÇÃO**. SÃO PAULO: CALLIS, 2013. P. 26.

ILUSTRAÇÕES: LEANDRO RAMOS

1. CIRCULE NO TEXTO:

A) COM **AZUL** O QUE FOR FRUTA.

B) COM **VERMELHO** O QUE FOR TECIDO.

C) COM **AMARELO** O QUE FOR ANIMAL.

D) COM **VERDE** O QUE FOR FLOR.

2. INTERPRETE O QUE O TEXTO QUIS DIZER:

A) ☐ SOMOS TODOS IGUAIS.

B) ☐ SOMOS DIFERENTES E SÓ GOSTAMOS DE NÓS MESMOS.

C) ☐ SOMOS DIFERENTES E GOSTAMOS UNS DOS OUTROS.

3. ESCREVA O NOME DE UMA FRUTA COM QUATRO LETRAS CITADA NO TEXTO.

_____

4. ESCREVA O NOME DESTA FLOR CITADA NO TEXTO.

_____

5. DESCUBRA QUAL PALAVRA DO TEXTO DÁ NOME A UMA COR E TAMBÉM A UMA FRUTA.

_____

VOCÊ ESCRITOR!

1. EM DUPLA. COMPLETEM AS FRASES COM DESENHOS.

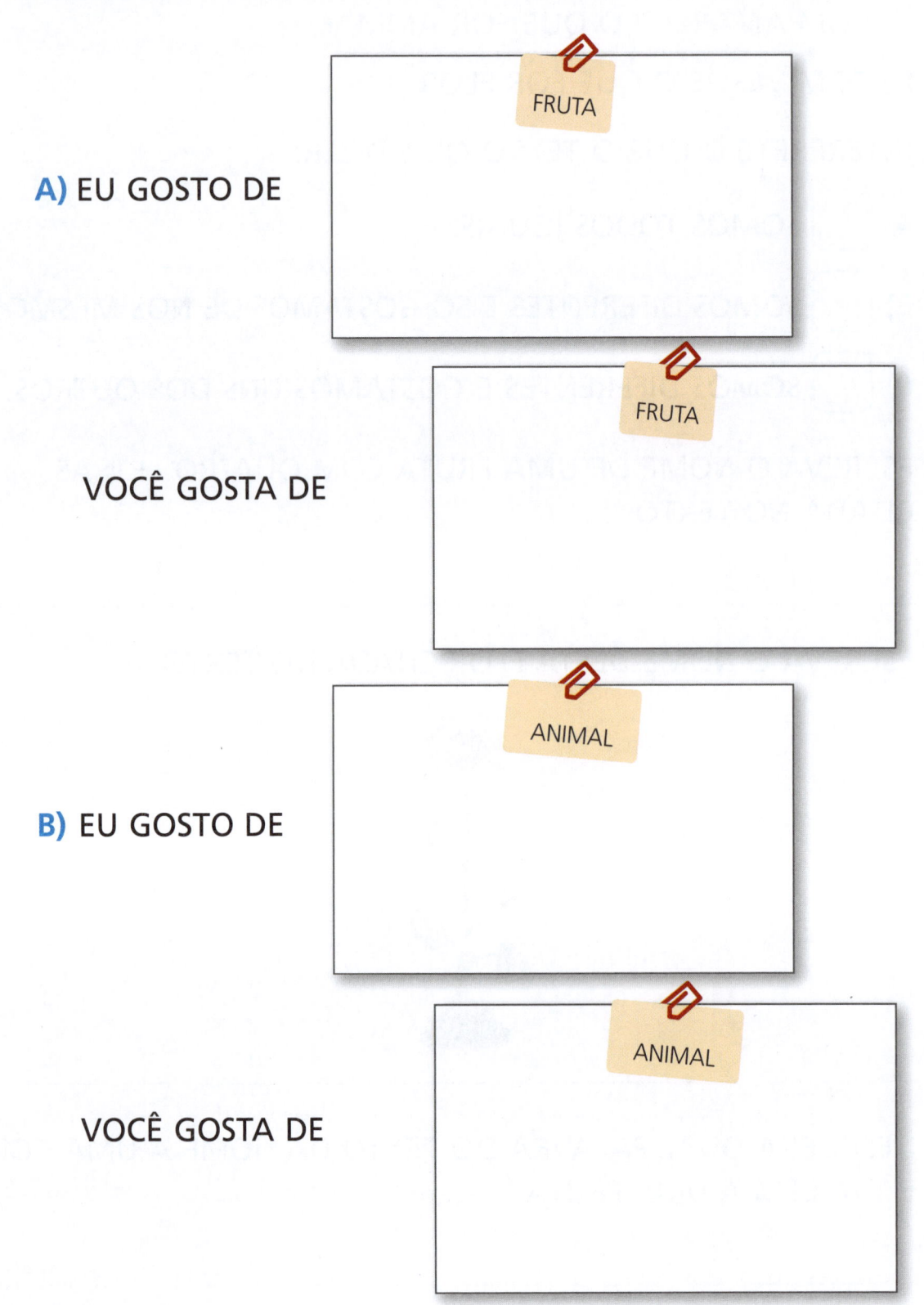

A) EU GOSTO DE [FRUTA]

VOCÊ GOSTA DE [FRUTA]

B) EU GOSTO DE [ANIMAL]

VOCÊ GOSTA DE [ANIMAL]

BRINQUEDO

C) EU GOSTO DE

BRINQUEDO

VOCÊ GOSTA DE

2. COMPARE SUAS RESPOSTAS COM AS DO COLEGA. ELAS FORAM AS MESMAS?

3. O QUE VOCÊ MAIS GOSTA DE FAZER?

A) EM CASA.

B) NA ESCOLA.

EMOÇÕES E PREFERÊNCIAS

1. ESCREVA **F** PARA AQUILO QUE FAZ VOCÊ FICAR FELIZ E **T** PARA AQUILO QUE FAZ VOCÊ FICAR TRISTE:

UM COLEGA/AMIGO QUEBRA SEU BRINQUEDO.

SEU TIME PERDE O JOGO NA AULA DE EDUCAÇÃO FÍSICA.

QUANDO VOCÊ BRINCA COM SEUS AMIGOS NO RECREIO.

VOCÊ FAZ UM PASSEIO GOSTOSO COM A SUA FAMÍLIA.

VOCÊ LEVA UMA BRONCA.

SEU MELHOR AMIGO BRINCA COM OUTRA CRIANÇA E NÃO CONVIDA VOCÊ.

2. ATIVIDADE ORAL E EM DUPLA.
PERGUNTE AO COLEGA OU À COLEGA:

A) VOCÊ PREFERE O CALOR OU O FRIO?

B) QUAL A ROUPA DE QUE MAIS GOSTA?

C) QUAL O SEU CANTOR OU A SUA CANTORA PREDILETO(A)?

D) QUAL A SUA CANÇÃO (MÚSICA) PREDILETA?

E) VOCÊ PREFERE PRATICAR ESPORTE OU JOGAR NO CELULAR?

F) VOCÊ PREFERE *SHOW* MUSICAL OU PARQUE DE DIVERSÕES?

LEONARDO CONCEIÇÃO

VOCÊ CIDADÃO!

LEIA JUNTO COM O PROFESSOR.

NORMAL É SER DIFERENTE

[...]
AMIGO TEM DE TODA COR, DE TODA RAÇA
TODA CRENÇA, TODA GRAÇA
AMIGO É DE QUALQUER LUGAR
TEM GENTE ALTA, BAIXA, GORDA, MAGRA.

MAS O QUE ME AGRADA É
QUE UM AMIGO A GENTE ACOLHE SEM PENSAR
PODE SER IGUALZINHO A GENTE
OU MUITO DIFERENTE.
[...]

REFRÃO
VOCÊ NÃO É IGUAL A MIM
EU NÃO SOU IGUAL A VOCÊ
MAS NADA DISSO IMPORTA
POIS A GENTE SE GOSTA
E É SEMPRE ASSIM QUE DEVE SER.

JAIR OLIVEIRA. **NORMAL É SER DIFERENTE**. DISPONÍVEL EM: <HTTPS://WWW.LETRAS.MUS.BR/JAIR-OLIVEIRA/NORMAL-E-SER-DIFERENTE/>. ACESSO EM: 14 FEV. 2017.

ILUSTRAÇÕES: BRUNA ASSIS BRASIL

1. INTERPRETE O QUE O AUTOR QUIS DIZER AO AFIRMAR QUE "AMIGO TEM DE TODA COR, DE TODA RAÇA / TODA CRENÇA":

A) ☐ NÃO IMPORTA A APARÊNCIA NEM A RELIGIÃO DO AMIGO.

B) ☐ O IMPORTANTE É A APARÊNCIA E A RELIGIÃO DO AMIGO.

2. CIRCULE NO TEXTO A FRASE QUE DIZ QUE AMIGO PODE SER DE TODA PARTE.

3. SABENDO QUE CADA SÍMBOLO EQUIVALE A UMA LETRA, ENCONTRE A PALAVRA:

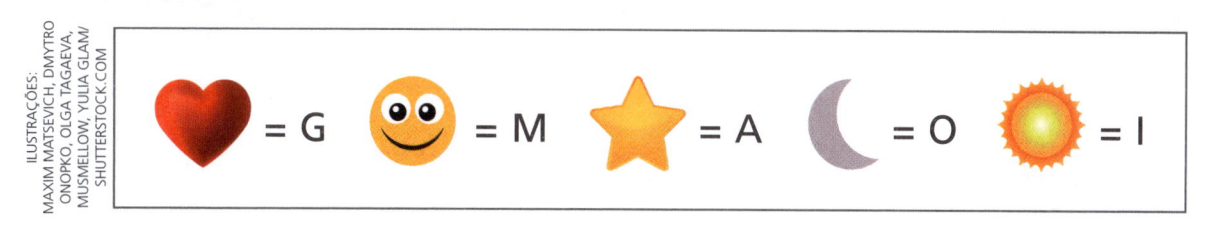

♥ = G   😊 = M   ⭐ = A   🌙 = O   ☀ = I

⭐ 😊 ☀ ♥ 🌙

☐ ☐ ☐ ☐ ☐

4. LEIA E INTERPRETE ESTE VERSO DA MÚSICA:

> UM AMIGO A GENTE ACOLHE SEM PENSAR.

• O QUE O AUTOR QUIS DIZER NESSE VERSO?

5. O REFRÃO DA MÚSICA DIZ:

A) ☐ SOMOS DIFERENTES UNS DOS OUTROS.

B) ☐ SOMOS TODOS IGUAIS.

6. A LETRA DA MÚSICA AFIRMA QUE:

A) ☐ SÓ PESSOAS IGUAIS SÃO AMIGAS.

B) ☐ NÃO IMPORTAM NOSSAS DIFERENÇAS, SOMOS AMIGOS.

7. PARA O AUTOR DA LETRA, UM AMIGO:

A) ☐ TEM DE SER IGUAL À GENTE.

B) ☐ PODE SER IGUAL OU MUITO DIFERENTE DA GENTE.

CAPÍTULO 3

SER CRIANÇA E IR À ESCOLA

- ESCREVA **V** PARA VERDADEIRO OU **F** PARA FALSO.

A) ☐ NA ESCOLA APRENDEMOS SEMPRE AS MESMAS COISAS.

B) ☐ NA ESCOLA A GENTE APRENDE SEMPRE ALGO NOVO.

C) ☐ A ESCOLA É UM LUGAR SÓ PARA ESTUDAR.

D) ☐ NA ESCOLA TAMBÉM SE FAZEM AMIGOS.

E) ☐ A ESCOLA TAMBÉM É LUGAR PARA BRINCAR E CONVIVER.

VOCÊ CIDADÃO!

1. CIRCULE NO QUADRO ABAIXO AS PALAVRAS IMPORTANTES NA RELAÇÃO ENTRE OS ALUNOS E OS FUNCIONÁRIOS DA ESCOLA.

VALORIZAÇÃO	INDIFERENÇA	RESPEITO
SOLIDARIEDADE	DESRESPEITO	BOA VONTADE

2. VOCÊ TEM UM BOM RELACIONAMENTO COM OS FUNCIONÁRIOS QUE CUIDAM DA SECRETARIA, DA LIMPEZA E DA DISCIPLINA?

A) ☐ SIM.   B) ☐ NÃO.

3. EM GRUPO: CONVERSAR, REFLETIR E PROPOR FORMAS DE GARANTIR O RESPEITO AOS FUNCIONÁRIOS DA ESCOLA.

AS RESPONSABILIDADES EM CASA

AS CRIANÇAS TAMBÉM TÊM RESPONSABILIDADES A CUMPRIR EM UMA CASA. VEJA A ALEGRIA COM QUE ESTA CRIANÇA ESTÁ AJUDANDO.

ILUSTRAÇÕES: DANILLO SOUZA

65

- VOCÊ AJUDA OS ADULTOS A COMPRAR, CARREGAR OU GUARDAR AS COMPRAS?

    A) ☐ SIM.   B) ☐ NÃO.

VOCÊ CIDADÃO!

- COM A AJUDA DO PROFESSOR, DEBATAM EM CLASSE SOBRE A IMPORTÂNCIA DE TODOS AJUDAREM NAS TAREFAS DE CASA. EM SEGUIDA, CADA UM DEVE PREENCHER ESTA PÁGINA COM O QUE APRENDEU DO DEBATE. USE DESENHOS, FOTOS E FRASES.

AS RESPONSABILIDADES NA ESCOLA

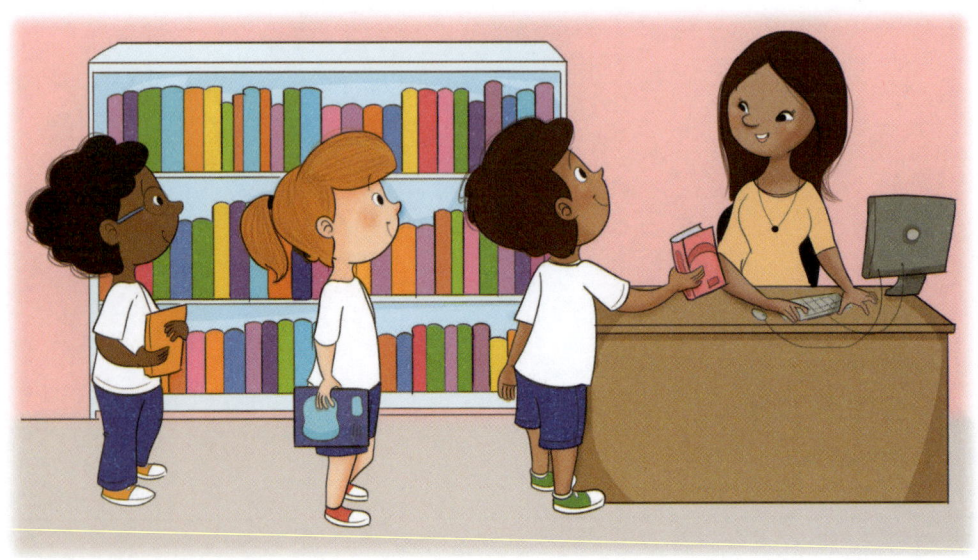

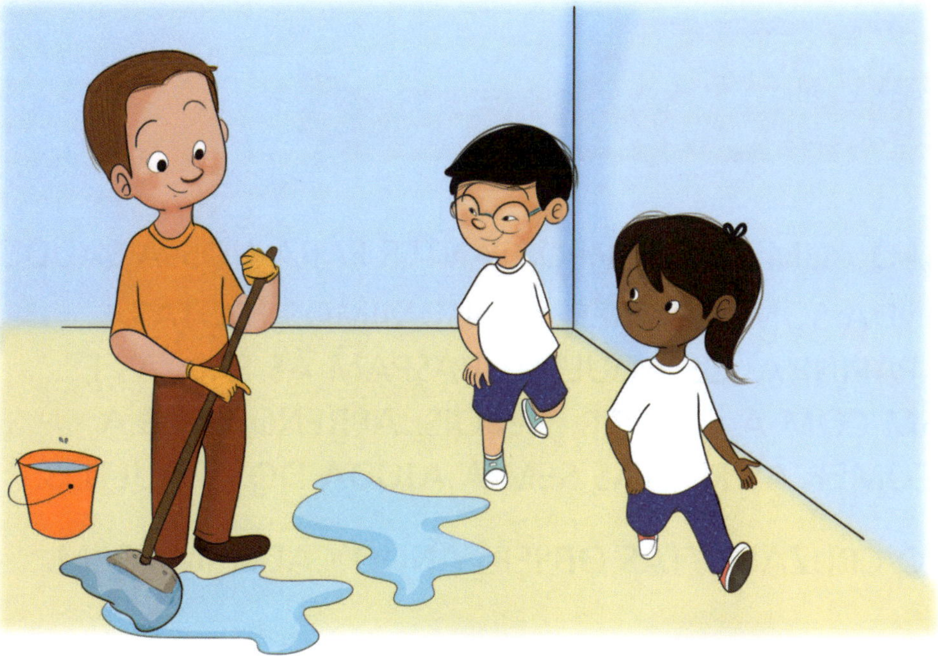

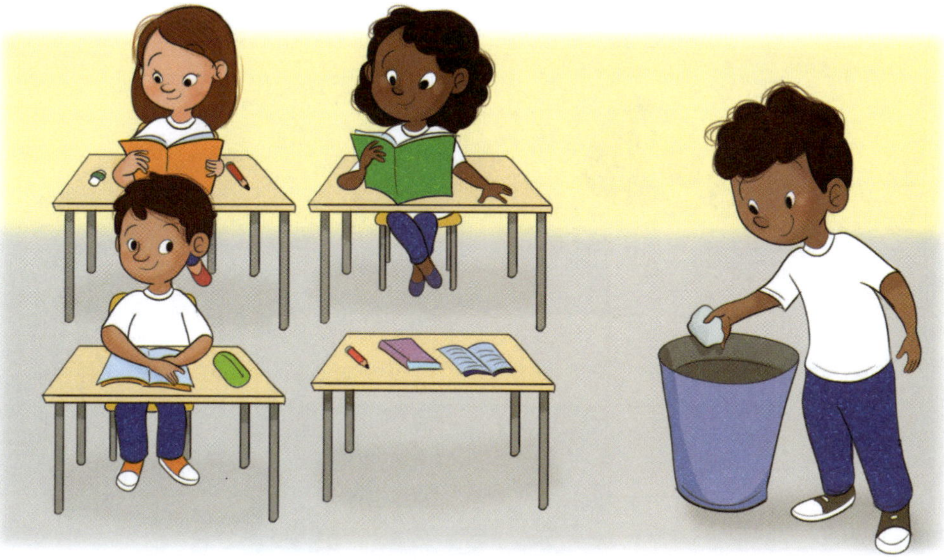

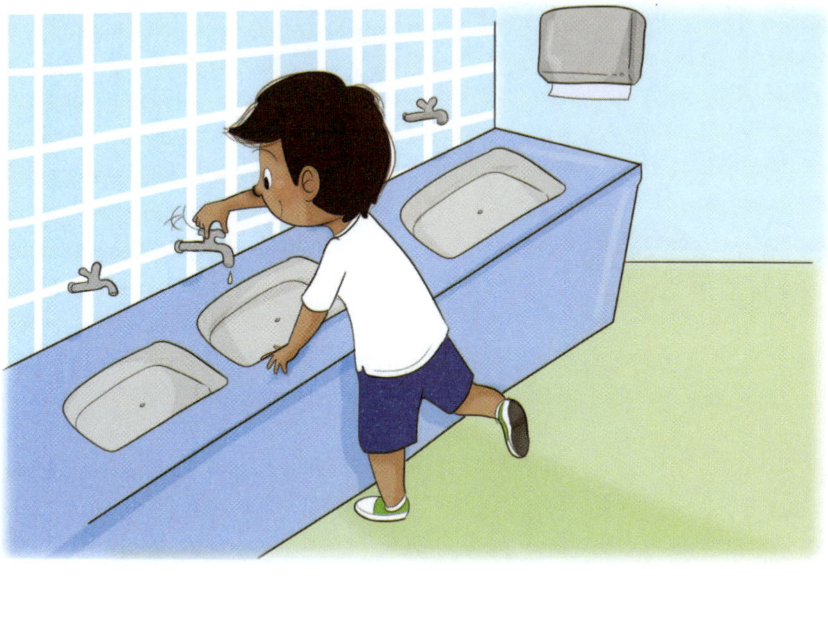

ILUSTRAÇÕES: VANESSA ALEXANDRE

INTEGRANDO COM...
LÍNGUA PORTUGUESA

AS FRUTAS SÃO ALIMENTOS IMPORTANTES PARA NOSSA SAÚDE. QUANDO AINDA SOMOS BEBÊS, CONSUMIMOS FRUTAS NA FORMA DE PAPINHA. OS ADULTOS RASPAM AS FRUTAS E NOS ALIMENTAM COM A COLHER. DEPOIS, APRENDEMOS A DESCASCAR E COMER AS FRUTAS SEM A AJUDA DOS ADULTOS.

1. PREENCHA O CRUZAFRUTAS OBSERVANDO CADA IMAGEM.

CRUZAFRUTAS

2. ESCREVA O NOME DA FRUTA DE QUE VOCÊ MAIS GOSTA.

_____

AS FRUTAS SÃO MUITO DIFERENTES UMAS DAS OUTRAS. POSSUEM CORES, CHEIROS E TAMANHOS VARIADOS.

ALGUMAS FRUTAS COMO A LARANJA POSSUEM SEMENTES PEQUENAS, OUTRAS FRUTAS COMO O ABACATE TÊM SEMENTES BEM GRANDES.

PERAS E MORANGOS PODEM SER CONSUMIDOS COM CASCA, ENQUANTO MELANCIAS, LARANJAS E BANANAS PRECISAM SER DESCASCADAS.

3. QUE TAL AGORA BRINCAR DE CRIAR FRUTAS DIFERENTES?
  • FORME NOVOS NOMES DE FRUTAS JUNTANDO AS SÍLABAS QUE ESTÃO ESCRITAS EM **VERMELHO**. DEPOIS, FAÇA UM DESENHO DA FRUTA QUE VOCÊ CRIOU.

BANANA + LA**RANJA**   **ABACA**XI + U**VA**   **MELAN**CIA + MA**ÇÃ**

UNIDADE 3
BRINQUEDOS E BRINCADEIRAS

A PINTURA DESTAS PÁGINAS É DO ARTISTA MILITÃO DOS SANTOS.

1. APLICAMOS NÚMEROS EM 8 CENAS. DO QUE AS CRIANÇAS ESTÃO BRINCANDO EM CADA UMA DELAS?

1 _____.

2 _____.

3 _____.

4 _____.

5 _____.

6 _____.

7 _____.

8 _____.

2. RESPONDA ORALMENTE: QUAIS BRINCADEIRAS VOCÊ CONHECE? DE QUAIS VOCÊ JÁ BRINCOU? DE QUAL DELAS VOCÊ GOSTA MAIS?

BRINQUEDOS E BRINCADEIRAS, ÓLEO SOBRE TELA DE MILITÃO DOS SANTOS, SEM DATA.

CAPÍTULO 1
BRINQUEDOS E BRINCADEIRAS

BRINQUEDOS

BRINQUEDO É GERALMENTE UM OBJETO USADO EM UMA BRINCADEIRA. A CORDA, POR EXEMPLO, É UM BRINQUEDO; PULAR CORDA É UMA BRINCADEIRA. O CARRINHO É UM BRINQUEDO; BRINCAR DE CARRINHO É UMA BRINCADEIRA.

1. OBSERVE AS IMAGENS. QUAIS DELAS SÃO DE BRINQUEDOS E QUAIS SÃO DE BRINCADEIRAS?

CORDA DE PULAR

CARRINHO DE PLÁSTICO

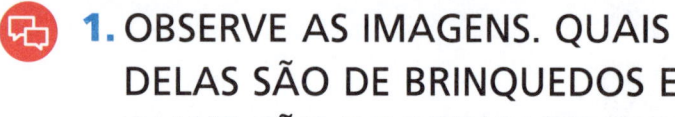

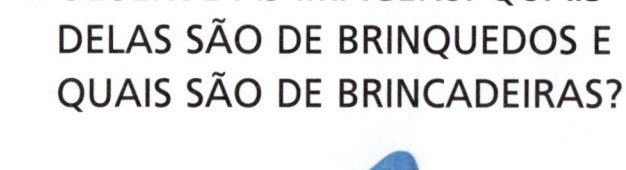

SKATE

BONECA

PETECA

BRINCAR DE PETECA.

ROBÔ

BRINCAR DE ROBÔ.

75

2. LEIA OS NOMES DOS BRINQUEDOS COM ATENÇÃO. A SEGUIR, PINTE DE AZUL OS QUE FOREM ANTIGOS E, DE ROSA, OS BRINQUEDOS MAIS RECENTES.

BOLA	VIDEOGAME	ROBÔS	PETECA
CARRINHO DE CONTROLE REMOTO		TABULEIRO	
BOLINHA DE GUDE		BONECO DE PANO	

3. MARQUE COM UM X OS BRINQUEDOS ANTIGOS QUE VOCÊ E SEUS COLEGAS CONTINUAM USANDO.

☐ PIPA

☐ CARRINHO DE ROLIMÃ

☐ PETECA

☐ BONECA DE PANO

☐ BILBOQUÊ

☐ PIÃO DE MADEIRA

A PIPA, UM BRINQUEDO ANTIGO E ATUAL

A PIPA É UM BRINQUEDO ANTIGO E UM DOS MAIS QUERIDOS DAS CRIANÇAS DO BRASIL. VEJA OS NOMES QUE ESSE BRINQUEDO TEM EM DIFERENTES REGIÕES DO BRASIL:

A) REGIÃO NORTE: ARRAIA, CURICA.

B) REGIÃO NORDESTE: BOLACHA, ESTRELA.

C) REGIÃO SUDESTE: CAFIFA, QUADRADO.

D) REGIÃO CENTRO-OESTE: RAIA, PIPA.

E) REGIÃO SUL: PANDORGA, PAPAGAIO.

1. A PINTURA A SEGUIR É DO ARTISTA BRASILEIRO CANDIDO PORTINARI. OBSERVE-A COM ATENÇÃO.

PIPAS, CANDIDO PORTINARI. ÓLEO SOBRE TELA, 1941.

- O QUE ELA MOSTRA?

2. OBSERVE E RESPONDA:

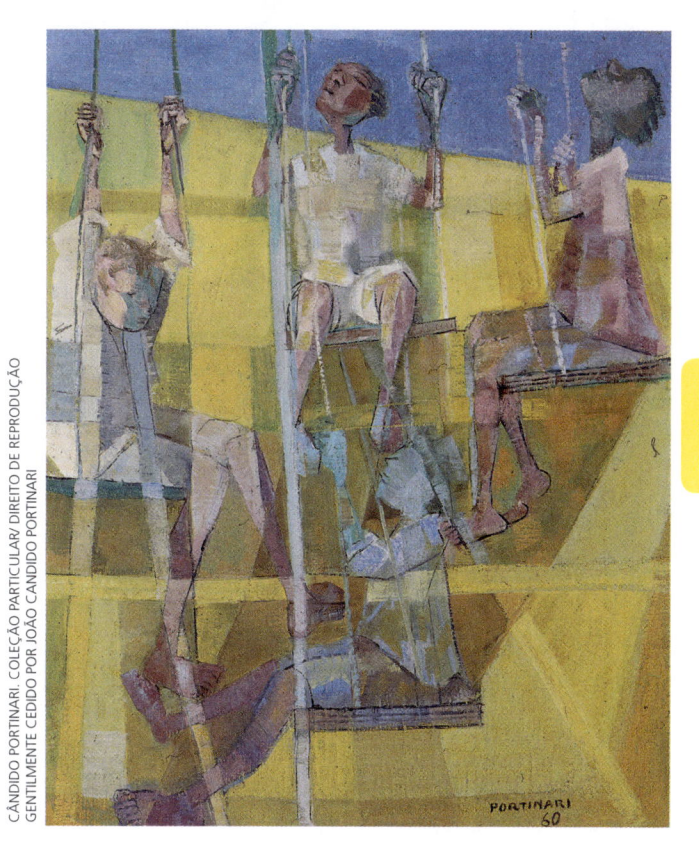

MENINOS NO BALANÇO, CANDIDO PORTINARI. ÓLEO SOBRE TELA, 1960.

A) QUE BRINQUEDO PORTINARI RETRATOU NA OBRA?

_____

B) VOCÊ JÁ BRINCOU COM ESSE BRINQUEDO?

_____

_____

C) VOCÊ O CONSIDERA PERIGOSO?

_____

_____

_____

_____

VOCÊ LEITOR!

OUTRO BRINQUEDO MUITO POPULAR ENTRE AS CRIANÇAS BRASILEIRAS É A BOLA.

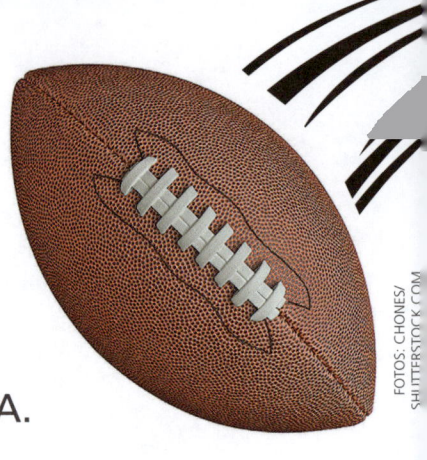

A BOLA

[...] A BOLA É UM DOS BRINQUEDOS MAIS ANTIGOS QUE EXISTEM. [...] ROMANOS E GREGOS USAVAM **BEXIGA DE BOI** PARA CONFECCIONAR SUAS BOLAS, UGH! NO BRASIL, A BOLA MAIS POPULAR É SEM DÚVIDA A DE FUTEBOL, QUE CHEGOU POR AQUI EM 1894, TRAZIDA PELO INGLÊS CHARLES MILLER. E VOCÊ SABIA QUE A BOLA DE FUTEBOL BRANCA FOI INVENTADA POR UM BRASILEIRO? JOAQUIM SIMÃO TEVE ESSA IDEIA EM 1935, PARA QUE OS JOGADORES PUDESSEM ENXERGAR A PELOTA À NOITE.

UOL CRIANÇAS. **HISTÓRIA DOS BRINQUEDOS**. DISPONÍVEL EM: <HTTPS://CRIANCAS.UOL.COM.BR/ESPECIAIS/ULT2631U3.JHTM>. ACESSO EM: 2 FEV. 2016.

BEXIGA DE BOI: ÓRGÃO DESSE ANIMAL, ONDE FICA ARMAZENADA A URINA.

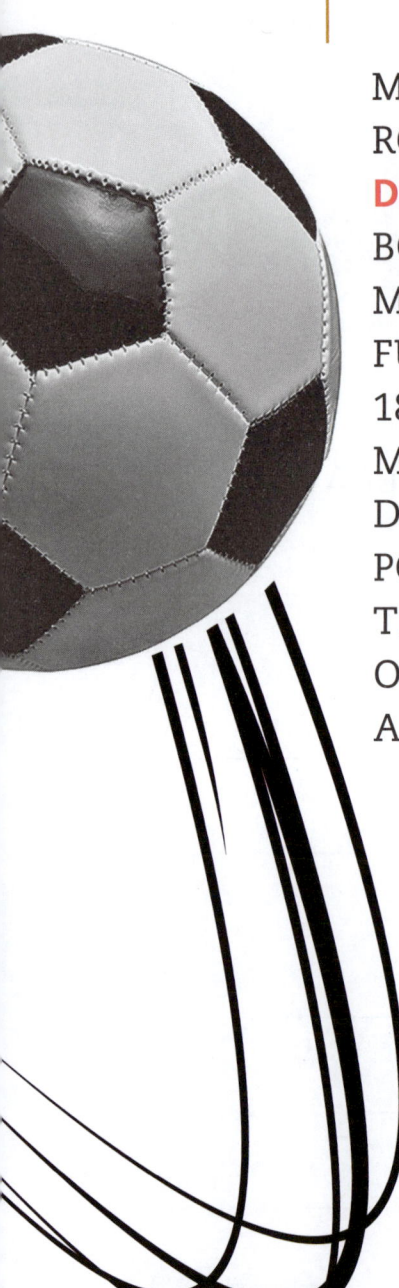

1. ESCREVA **V** PARA AS AFIRMATIVAS VERDADEIRAS E **F** PARA AS FALSAS.

A) ☐ A BOLA É UM BRINQUEDO MUITO ANTIGO.

B) ☐ GREGOS E ROMANOS USAVAM BEXIGA DE BOI PARA CONFECCIONAR BOLAS.

C) ☐ A BOLA DE FUTEBOL BRANCA FOI INVENTADA POR UM BRASILEIRO A FIM DE QUE OS JOGADORES PUDESSEM ENXERGÁ-LA À NOITE.

D) ☐ A BOLA MAIS POPULAR É A DE VÔLEI.

2. FAÇA UMA LISTA DE JOGOS QUE SÃO REALIZADOS UTILIZANDO BOLAS.

DIA DO BRINQUEDO

TRAGAM UM BRINQUEDO PARA A SALA DE AULA. A SEGUIR, COLEM NELE UMA ETIQUETA COM SEU NOME COMPLETO.

DEPOIS, CADA UM DE VOCÊS CONTA UM POUCO SOBRE O BRINQUEDO: QUEM LHE DEU DE PRESENTE; HÁ QUANTO TEMPO; POR QUE ELE É TÃO ESPECIAL PARA VOCÊ.

1. LEITURA DE IMAGEM. OBSERVE A PINTURA ABAIXO. NELA A ARTISTA RETRATA ALGUMAS BRINCADEIRAS.

PARQUE DAS CRIANÇAS, HELENA COELHO. ÓLEO SOBRE TELA, 2009.

A) QUAIS BRINCADEIRAS ESTÃO RETRATADAS NO QUADRO?

_____

_____

_____

B) DE QUAIS DESSAS BRINCADEIRAS VOCÊ MAIS GOSTA?

_____

_____

C) EM QUE LOCAL AS CRIANÇAS ESTÃO BRINCANDO?

_____

_____

D) VOCÊ JÁ BRINCOU EM UM LUGAR COMO ESSE? GOSTOU DE BRINCAR?

_____

_____

_____

_____

E) ANTIGAMENTE, ERA COMUM AS CRIANÇAS BRINCAREM NAS RUAS. ISSO AINDA ACONTECE ATUALMENTE? POR QUÊ?

_____

_____

_____

2. MARQUE AS BRINCADEIRAS OU JOGOS EM QUE SE PODE BRINCAR OU JOGAR SOZINHO.

A) ☐ BRINCAR DE BONECA.

B) ☐ BRINCAR NO ESCORREGADOR.

C) ☐ ESCONDE-ESCONDE.

D) ☐ PULAR CORDA.

E) ☐ BOBINHO.

F) ☐ QUEIMADA.

G) ☐ CIRANDA.

H) ☐ JOGAR _VIDEOGAME_.

BRINCADEIRAS SÃO ATIVIDADES INDIVIDUAIS OU COLETIVAS QUE DIVERTEM, EXERCITAM O CORPO E A IMAGINAÇÃO E NOS AJUDAM A FAZER AMIGOS.

3. DAS BRINCADEIRAS E JOGOS OBSERVADOS NESTA PÁGINA E NA PÁGINA SEGUINTE, ALGUNS SÃO ANTIGOS E OUTROS SÃO RECENTES.

A) INDIQUE COM O SÍMBOLO ☐ AS BRINCADEIRAS ANTIGAS E COM ☐, AS BRINCADEIRAS RECENTES.

☐ MENINO BRINCANDO COM *SKATE* ELÉTRICO.

☐ CRIANÇA MONITORANDO UM PEQUENO ROBÔ.

☐ CRIANÇAS JOGANDO QUEIMADA.

☐ CRIANÇAS JOGANDO *VIDEOGAME*.

☐ CRIANÇA EMPINANDO PIPA.

B) QUAIS DESSAS BRINCADEIRAS CONTINUAM SENDO MUITO PRATICADAS?

4. ENTREVISTA!

A) DO QUE VOCÊ BRINCA?

_____

_____

_____

B) ONDE VOCÊ BRINCA?

_____

_____

_____

C) DE QUAIS BRINCADEIRAS VOCÊ MAIS GOSTA?

_____

_____

_____

D) VOCÊ PREFERE BRINCAR SOZINHO OU COM AMIGOS?

_____

_____

_____

E) VOCÊ GOSTA DE JOGOS? DE QUAL OU QUAIS?

_____

_____

VOCÊ LEITOR!

1. RELACIONE A IMAGEM À LEGENDA.

A)

B)

C)

D)

CRIANÇAS DIVERTINDO-SE COM *SKATE*.

CRIANÇAS JOGANDO DAMAS.

CRIANÇAS BRINCANDO COM BLOCOS DE MONTAR.

CRIANÇAS JOGANDO NO CELULAR.

2. DE QUAL DESSAS BRINCADEIRAS VOCÊ GOSTA MAIS?

_____

VOCÊ ESCRITOR!

1. AGORA É A SUA VEZ! ENTREVISTE UM ADULTO SOBRE BRINCADEIRAS DO PASSADO E DO PRESENTE SEGUINDO O ROTEIRO ABAIXO.

A) DO QUE O SENHOR (OU A SENHORA) BRINCAVA NA INFÂNCIA?

_____

B) QUAL ERA SUA BRINCADEIRA FAVORITA?

_____

C) COMO AS CRIANÇAS DE SUA FAMÍLIA BRINCAM ATUALMENTE?

_____

D) QUE DIFERENÇAS O SENHOR (OU A SENHORA) PERCEBE ENTRE AS BRINCADEIRAS DE SEU TEMPO E AS DE HOJE?

_____

_____

E) QUE CONSELHO DARIA ÀS CRIANÇAS DE HOJE SOBRE BRINCADEIRAS?

_____

_____

2. APÓS A ENTREVISTA, FALEM SOBRE AS DIFERENÇAS QUE NOTARAM ENTRE A INFÂNCIA DO ENTREVISTADO E A DE VOCÊS, E SE NOTARAM TAMBÉM SEMELHANÇAS.

CAPÍTULO 2
OUTROS POVOS, OUTROS MODOS DE BRINCAR

CADA POVO POSSUI UMA CULTURA; ISTO É, UM MODO PRÓPRIO DE VIVER, TRABALHAR, ORAR, SE PINTAR E FAZER FESTA. CADA POVO TAMBÉM TEM UM MODO PRÓPRIO DE BRINCAR.

BRINCADEIRA DE UM POVO INDÍGENA

TOLOI KUNHÜGÜ

UMA CRIANÇA, QUE NA BRINCADEIRA VAI SER O GAVIÃO, DESENHA NA AREIA UMA GRANDE ÁRVORE E, AO PÉ DELA, FAZ SUA CABANA.

EM SEGUIDA, AS OUTRAS CRIANÇAS, OS "PASSARINHOS", CONSTROEM OS SEUS NINHOS NOS GALHOS DA ÁRVORE DESENHADA PELO GAVIÃO. DEPOIS, ELES DEIXAM SEUS NINHOS E, ABRAÇADOS UNS AOS OUTROS, COMEÇAM A BATER OS PÉS NO CHÃO, ZOMBANDO DO GAVIÃO. ESTE AVANÇA PARA PEGAR OS PASSARINHOS, QUE "VOAM" ALVOROÇADOS PARA TODO LADO.

OS PASSARINHOS PEGOS PELO GAVIÃO SÃO LEVADOS PARA A CABANA DELE E DE LÁ NÃO PODEM SAIR. O ÚLTIMO PASSARINHO LIVRE É O VENCEDOR DA BRINCADEIRA E SERÁ O NOVO GAVIÃO NA PRÓXIMA RODADA.

TEXTO ELABORADO PELO AUTOR.

1. NUMERE OS FATOS NA SEQUÊNCIA EM QUE OCORREM.

2. QUAL DAS BRINCADEIRAS A SEGUIR É MAIS PARECIDA COM A DO GAVIÃO?

- ☐ QUEIMADA
- ☐ PEGA-PEGA
- ☐ CABO DE GUERRA

3. ESCREVA O NOME DO LUGAR ONDE O GAVIÃO MORA:

_____

4. QUANTAS VEZES A PALAVRA GAVIÃO APARECE NO TEXTO?

- ☐ UMA
- ☐ TRÊS
- ☐ CINCO

5. EM DUPLA: VOCÊ DIZ POR MEIO DE GESTOS A BRINCADEIRA DE QUE MAIS GOSTA E O SEU AMIGO TENTA ADIVINHAR QUAL É ESSA BRINCADEIRA. DEPOIS É A VEZ DELE. CADA ACERTO VALE 1 PONTO. CADA JOGADOR TENTA ADIVINHAR 3 VEZES.

DANILLO SOUZA

BRINCADEIRA DE UM POVO AFRICANO

A BRINCADEIRA A SEGUIR É DA TANZÂNIA, UM PAÍS DA ÁFRICA.

MWINDAJI NA SWALA: O CAÇADOR E A GAZELA

[...] DUAS CRIANÇAS SÃO SORTEADAS: UMA PARA SER O CAÇADOR, E A OUTRA, A GAZELA. AMBAS RECEBEM UMA VENDA NOS OLHOS E SÃO POSICIONADAS – SEPARADAS UMA DA OUTRA – NO MEIO DE UMA RODA FORMADA POR MENINOS E MENINAS.

A GAZELA, DE VEZ EM QUANDO, BATE PALMAS, PARA ATRAIR A ATENÇÃO DO CAÇADOR. ESTE, POR SUA VEZ, PROCURA ADIVINHAR ONDE ESTÁ O ANIMAL.

OS DOIS, ÀS CEGAS, CORREM PRA LÁ E PRA CÁ NUMA TREMENDA AGITAÇÃO: A GAZELA FUGINDO DO CAÇADOR, E ELE TENTANDO, DESESPERADAMENTE, AGARRÁ-LA. A RODADA TERMINA QUANDO O CAÇADOR PEGA A SUA PRESA. ELE, ENTÃO, PASSA A SER A GAZELA. E OUTRA CRIANÇA DA RODA ASSUME O LUGAR DO CAÇADOR. E O JOGO RECOMEÇA.

– FÁCIL, NÃO É? [...].

ROGÉRIO ANDRADE BARBOSA. **NDULE NDULE**: ASSIM BRINCAM AS CRIANÇAS AFRICANAS. SÃO PAULO: EDITORA MELHORAMENTOS, 2011. P. 20-21.

1. COMPLETE A FRASE:

A RODA DE BRINCADEIRA É FORMADA POR _____ E _____.

2. O QUE A GAZELA FAZ PARA ATRAIR A ATENÇÃO DO CAÇADOR?

☐ ☐

3. QUANDO A BRINCADEIRA TERMINA?

☐ QUANDO O CAÇADOR PEGA A SUA PRESA.

☐ QUANDO A GAZELA FOGE DO CAÇADOR.

4. ENCONTRE DOIS ERROS NA ILUSTRAÇÃO DE "O CAÇADOR E A GAZELA".

_____
_____
_____
_____
_____

5. VAMOS BRINCAR? PERGUNTEM AO PROFESSOR QUANDO VOCÊS PODEM FORMAR RODAS E BRINCAR DE "O CAÇADOR E A GAZELA".

BRINCADEIRA ITALIANA

A RAPOSA

A BRINCADEIRA CONTÉM SEIS PASSOS:

1º ESCOLHE-SE A CRIANÇA QUE VAI SER A RAPOSA POR MEIO DE UM SORTEIO.

2º A RAPOSA BUSCA UM ESCONDERIJO NA MATA, ENQUANTO OS OUTROS BRINCANTES FICAM DE COSTAS PARA NÃO VER ONDE ELA SE ESCONDEU.

3º QUANDO A RAPOSA SE SENTE SEGURA, APITA TRÊS VEZES, AVISANDO QUE JÁ PODEM COMEÇAR A PROCURÁ-LA.

ILUSTRAÇÕES: VANESSA ALEXANDRE

4º SE A RAPOSA OUVE OS PASSOS DE ALGUÉM, ELA MUDA DE ESCONDERIJO. E, NO NOVO ESCONDERIJO, APITA NOVAMENTE.

5º SE UM DOS BRINCANTES DESCOBRE ONDE ESTÁ A RAPOSA, ELA CORRE E TENTA DESPISTÁ-LO.

6º O BRINCANTE QUE CONSEGUIR APANHAR A RAPOSA É O VENCEDOR E, NA VEZ SEGUINTE, PODE ESCOLHER SER A RAPOSA.

ILUSTRAÇÕES: VANESSA ALEXANDRE

TEXTO ELABORADO PELO AUTOR.

1. A CRIANÇA QUE FAZ O PAPEL DE RAPOSA É ESCOLHIDA POR:

A) ☐ ELEIÇÃO.   B) ☐ SORTEIO.   C) ☐ ORDEM DE UM ADULTO.

2. COMO AS OUTRAS CRIANÇAS SABEM ONDE PROCURAR A RAPOSA?

_____

3. COMPLETE:

A) A BRINCADEIRA COMEÇA QUANDO A RAPOSA _____ TRÊS VEZES.

B) O BRINCANTE QUE CONSEGUIR APANHAR A RAPOSA É O _____ .

4. LIGUE OS PONTOS E DESCUBRA O ANIMAL QUE AS RAPOSAS COSTUMAM ATACAR. A SEGUIR, ESCREVA O NOME DELE.

_____

5. NUMERE AS IMAGENS DE ACORDO COM OS PASSOS DA BRINCADEIRA.

INTEGRANDO COM... ARTE

ALGUNS BRINQUEDOS TRADICIONAIS ERAM PRODUZIDOS MANUALMENTE. COM O DESENVOLVIMENTO DAS MÁQUINAS E DAS FÁBRICAS, PASSARAM A SER PRODUZIDOS INDUSTRIALMENTE.

UM EXEMPLO É A PETECA, BRINQUEDO CRIADO PELOS INDÍGENAS DO BRASIL, MUITO TEMPO ATRÁS.

VEJA UMA PETECA INDÍGENA E UMA PETECA INDUSTRIAL.

PETECA INDÍGENA.

PETECA INDUSTRIALIZADA.

VAMOS FAZER UMA PETECA INDÍGENA?

SIGA O EXEMPLO ABAIXO.

MATERIAIS NECESSÁRIOS

- UMA PORÇÃO DE TERRA
- 1 PALHA DE ESPIGA DE MILHO
- UMA FOLHA GRANDE DE ÁRVORE

COMO FAZER

1. USE UMA FOLHA GRANDE DE UMA ÁRVORE E FAÇA UM SAQUINHO.
2. COLOQUE TERRA NESSE SAQUINHO.
3. COLOQUE NO SAQUINHO A PALHA DE MILHO VIRADA PARA A PARTE DE CIMA.
4. DESFIAR A PALHA DO MILHO DE MODO A FICAR PARECIDA COM A DA FIGURA ABAIXO.
5. E, AO FINAL, AMARRE A TROUXINHA DA PETECA COM UM BARBANTE.

   AGORA É SÓ CONVIDAR UM COLEGA E BRINCAR!

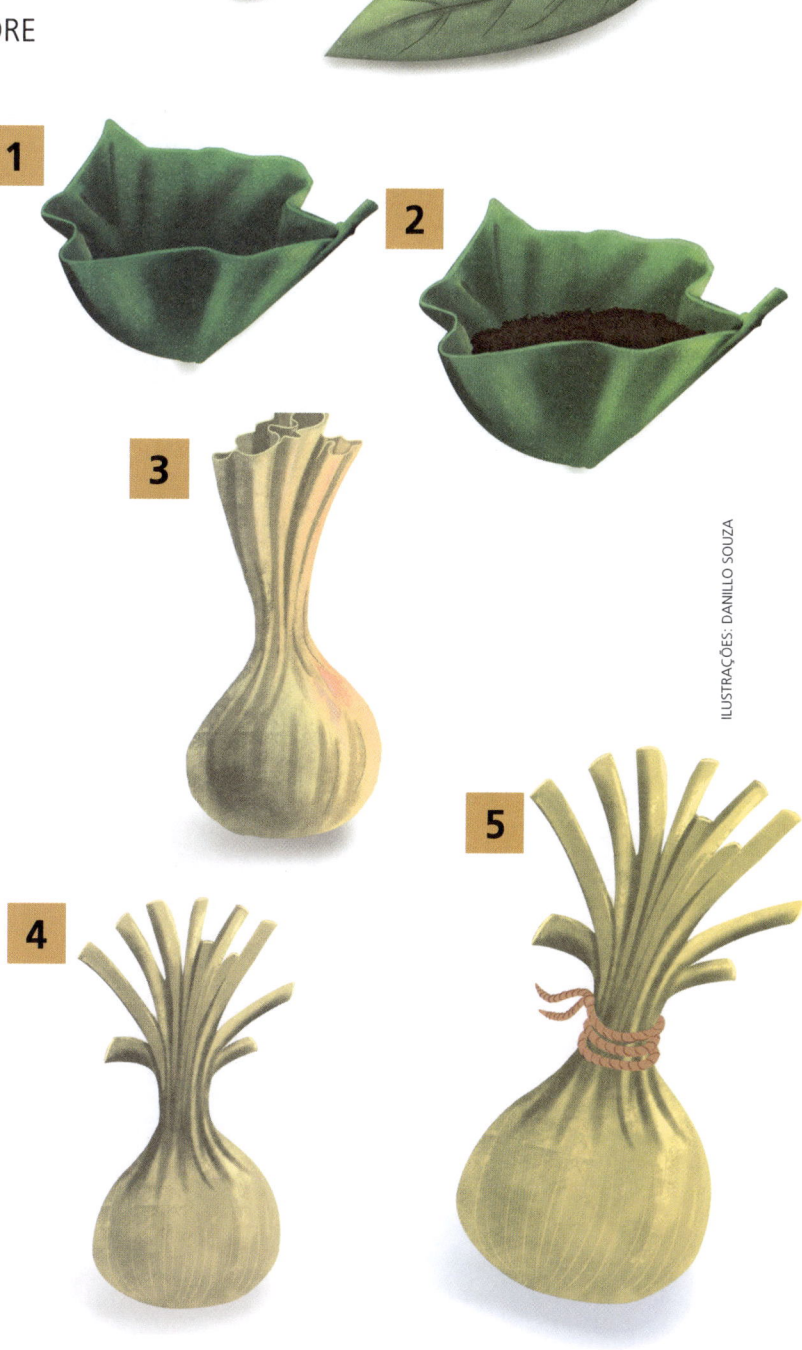

ILUSTRAÇÕES: DANILLO SOUZA

103

UNIDADE

4 VIDA NA FAMÍLIA E NA ESCOLA

A FAMÍLIA E A ESCOLA SÃO MUITO IMPORTANTES NAS NOSSAS VIDAS.

EM FAMÍLIA, A GENTE COME, ESTUDA, BRINCA, ORA E FAZ FESTA.

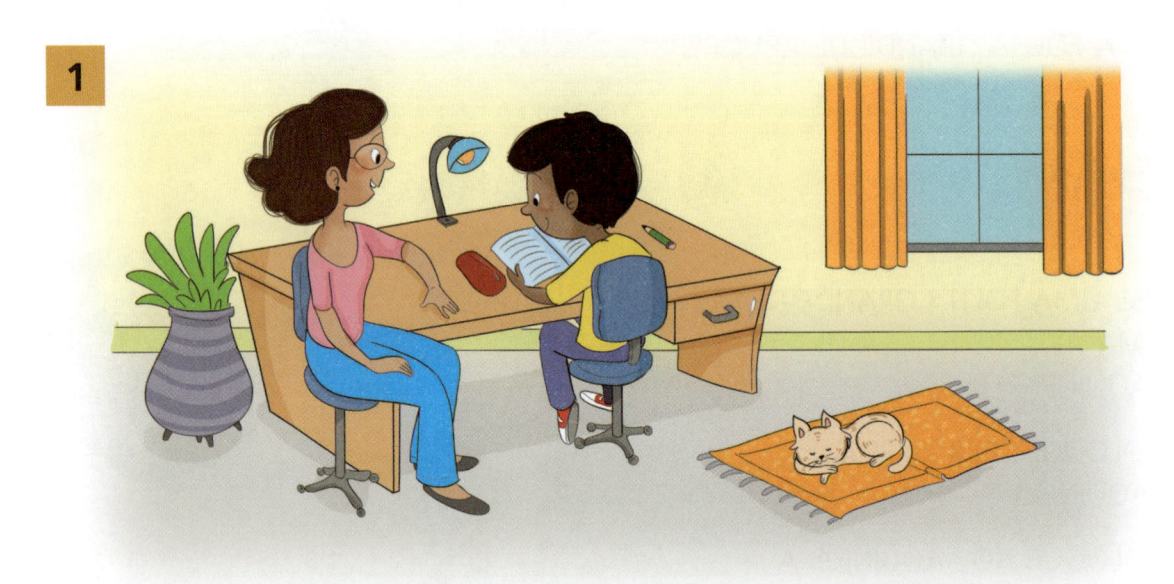

1

2

ILUSTRAÇÕES: VANESSA ALEXANDRE

ESCOLA É UM LUGAR DE LER, ESCREVER, PENSAR, CONVIVER E FAZER AMIGOS.

- OBSERVE A PÁGINA ANTERIOR E ESTA E RESPONDA ORALMENTE:

    A) O QUE ESTÁ ACONTECENDO NA CENA 1?
    B) E NA CENA 2?
    C) QUANTOS ALUNOS APARECEM NA CENA 4?
    D) VOCÊ APRENDEU ALGO COM UM OU UMA COLEGA NESTE ANO?
    E) E ENSINOU ALGO A ELE OU A ELA?

CAPÍTULO 1

FAMÍLIAS: MUDANÇAS E PERMANÊNCIAS

AS FAMÍLIAS DE ANTIGAMENTE ERAM DIFERENTES DAS FAMÍLIAS ATUAIS. OBSERVE AS FOTOGRAFIAS DESTA PÁGINA E DA SEGUINTE.

PASSEIO EM FAMÍLIA. PAI CARREGA FILHO NOS OMBROS DURANTE PASSEIO EM UM PARQUE. ESTADOS UNIDOS, 2015.

FAMÍLIA EM CASA. ESTADOS UNIDOS, 2015.

- AS ROUPAS QUE VOCÊ USA SÃO PARECIDAS COM AS DAS IMAGENS?

UMA FAMÍLIA MUITO ANTIGA

1

FOTOGRAFIA DE CERCA DE 1910.

OLHE PARA A IMAGEM. SABE QUEM É O HOMEM QUE ESTÁ SENTADO, DE CHAPÉU E COM AS PERNAS CRUZADAS?

É O INDUSTRIAL FRANCISCO MATARAZZO. ELE VEIO DA ITÁLIA PARA O BRASIL HÁ MUITO TEMPO.

REPAROU QUE ELE ESTÁ NO CENTRO DA IMAGEM E AS OUTRAS PESSOAS, MULHER, FILHAS, FILHOS, ESTÃO EM VOLTA DELE?

SABE POR QUE ISSO ACONTECIA?

PORQUE À ÉPOCA O HOMEM TINHA GRANDE PODER SOBRE MULHER, FILHOS, GENROS E NETOS.

UMA FAMÍLIA ANTIGA

NOS ANOS DE 1950, AS FAMÍLIAS CONTINUARAM SENDO GOVERNADAS PELO HOMEM E, GERALMENTE, TINHAM TAMBÉM UM GRANDE NÚMERO DE FILHOS. VEJA A FOTOGRAFIA.

FAMÍLIA DOS ANOS 1950.

UMA FAMÍLIA ATUAL

ATUALMENTE, MUITAS FAMÍLIAS TÊM DOIS FILHOS POR CASAL E A MULHER TAMBÉM TEM PODER DE DECISÃO.

FAMÍLIA ATUAL.

1. COMPARE A FAMÍLIA DA FOTOGRAFIA 2 COM A DA FOTOGRAFIA 3 COM RELAÇÃO AO NÚMERO DE FILHOS.

2. COMPLETE AS FRASES COM AS EXPRESSÕES:

| FAMÍLIA MUITO ANTIGA |
| FAMÍLIA ANTIGA   FAMÍLIA ATUAL |

A) NA _____
O HOMEM TINHA GRANDE PODER SOBRE MULHER, FILHOS, GENROS E NETOS.

B) A _____ AINDA ERA GOVERNADA PELO HOMEM, E GERALMENTE ERA FORMADA POR MUITOS FILHOS.

C) A _____ É COMPOSTA GERALMENTE POR PAI, MÃE E UM OU DOIS FILHOS.

FAMÍLIA DE 1900.

FAMÍLIA DE 1950.

FAMÍLIA DE 2015.

3. OBSERVE A FOTOGRAFIA:

FOTOGRAFIA DE ÁLBUM DE UMA FAMÍLIA NORDESTINA. 1915.

A) DE ACORDO COM SEUS ESTUDOS, ESSA IMAGEM É DE UMA:

☐ FAMÍLIA ANTIGA.

☐ FAMÍLIA MUITO ANTIGA.

☐ FAMÍLIA ATUAL.

B) ASSINALE OS ELEMENTOS QUE JUSTIFICAM SUA RESPOSTA:

☐ A VESTIMENTA DAS PESSOAS.

☐ O NÚMERO DE FILHOS.

☐ O FATO DE SER UMA FAMÍLIA RICA.

☐ O FATO DE SER UMA FOTOGRAFIA EM PRETO E BRANCO.

CAPÍTULO 2
HISTÓRIA DA ESCOLA

COMO VIMOS, AS FAMÍLIAS TÊM UMA HISTÓRIA QUE MUDOU AO LONGO DO TEMPO. COM A ESCOLA ACONTECEU O MESMO. ELA TAMBÉM MUDOU AO LONGO DO TEMPO.

OBSERVE AS DUAS SALAS DE AULA. NA FIGURA 1, VEMOS UMA SALA DE AULA DO PASSADO. NA FIGURA 2, VEMOS UMA SALA DE AULA DO PRESENTE.

1. COMPLETE: O QUE MUDOU?

A) NA FIGURA 1, VEMOS UMA SALA SÓ DE _____;

NA FIGURA 2, UMA SALA DE _____ E

_____.

B) NA FIGURA 1, VEMOS CARTEIRAS PARA _____ PESSOAS;

NA FIGURA 2, CARTEIRAS PARA _____ PESSOA.

C) NA FIGURA 1, VEMOS ALUNAS USANDO SAIAS

_____; NA FIGURA 2, ALUNOS DE

_____ E _____.

2. COMPLETE UTILIZANDO AS PALAVRAS **PRÓXIMA** OU **DISTANTE**.

NA FIGURA 1 A PROFESSORA ESTÁ _____

DAS ALUNAS E, NA FIGURA 2, ELA ESTÁ _____

AOS ALUNOS.

OS OBJETOS ESCOLARES TÊM HISTÓRIA

- ESCREVA **P** PARA OS OBJETOS E CENAS DO PASSADO, E ESCREVA **A** PARA OS OBJETOS E CENAS ATUAIS.

A CANETA TAMBÉM TEM UMA HISTÓRIA

OS ANTIGOS ROMANOS USAVAM PENAS DE AVE PARA ESCREVER. ELES MERGULHAVAM A PENA EM UM TINTEIRO E ESCREVIAM.

TEMPOS DEPOIS, INVENTOU-SE A CANETA DE MADEIRA COM UMA PENA DE METAL NA PONTA. MAS CONTINUOU-SE MOLHANDO A PONTA DA PENA NO TINTEIRO PARA ESCREVER.

MAIS TARDE, INVENTOU-SE A CANETA-TINTEIRO, COM UM PEQUENO RESERVATÓRIO DE TINTA. DESSA FORMA, NÃO ERA PRECISO MOLHAR A CANETA NA TINTA PARA ESCREVER.

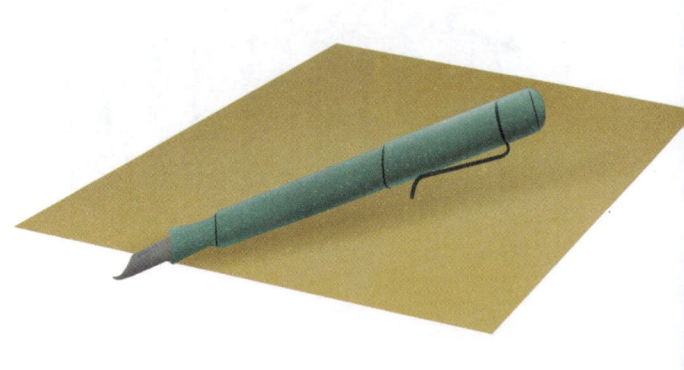

EM 1958, O FRANCÊS MARCEL BICH INVENTOU AS CANETAS DESCARTÁVEIS COM AS QUAIS ESCREVEMOS HOJE.

MINHA ESCOLA TAMBÉM TEM HISTÓRIA

1. VAMOS FAZER UMA PESQUISA SOBRE NOSSA ESCOLA? COM O PROFESSOR, PERCORRAM A ESCOLA E ANOTEM O QUE ELA TEM: SALAS DE AULA, BIBLIOTECA, PÁTIO, CORREDORES ETC.

A) EM SEGUIDA, PREENCHA A FICHA ABAIXO COM OS DADOS QUE VOCÊ ANOTOU.

MINHA ESCOLA

NOME: _____.

ENDEREÇO: _____.

PROFESSOR(A): _____.

DIRETOR(A): _____.

B) EM MINHA ESCOLA TEM:

☐ SALAS DE AULA.   ☐ CANTINA.   ☐ PÁTIO.

☐ LABORATÓRIO.   ☐ BIBLIOTECA.   ☐ BANHEIROS.

C) COLE NO ESPAÇO ABAIXO UMA FOTOGRAFIA OU UM DESENHO DA SUA ESCOLA.

2. EM GRUPO, PESQUISEM A HISTÓRIA DA SUA ESCOLA. PREENCHAM A FICHA A SEGUIR.

NOME DA ESCOLA: _____

_____.

ANO EM QUE FOI INAUGURADA: _____.

QUANTOS ANOS TEM: _____.

MUDANÇAS OCORRIDAS NO PRÉDIO AO LONGO DO TEMPO:

_____

_____

_____.

3. PEÇAM A ADULTOS FOTOGRAFIAS ANTIGAS DA SUA ESCOLA. FOTOGRAFEM OU FAÇAM CÓPIAS DELAS. TIREM FOTOS ATUAIS DA ESCOLA E COLEM NO ESPAÇO A SEGUIR UMA ANTIGA E OUTRA ATUAL.

ANTIGA	ATUAL

CAPÍTULO 3

DATAS COMEMORATIVAS

UMA DATA IMPORTANTE NAS NOSSAS VIDAS É O DIA DO NOSSO ANIVERSÁRIO. SOMOS CUMPRIMENTADOS PELA FAMÍLIA, PELOS AMIGOS, GANHAMOS BEIJOS, ABRAÇOS E PRESENTES.

- FAÇA UM DESENHO BEM BONITO OU COLE UMA FOTOGRAFIA DA COMEMORAÇÃO DO SEU ANIVERSÁRIO NO BALÃO.

MEU ANIVERSÁRIO DE _____ ANOS

NOME: _____

_____

1. O QUE VOCÊ MAIS GOSTA DE GANHAR NO DIA DO SEU ANIVERSÁRIO?

- ☐ BRINQUEDO.
- ☐ FESTA.
- ☐ PASSEIO.
- ☐ ROUPA.

2. PARA VOCÊ, O QUE É MAIS IMPORTANTE EM UMA FESTA?

_____
_____
_____

3. QUANTOS ANIVERSÁRIOS VOCÊ JÁ FEZ?

_____

4. O QUE VOCÊ MAIS GOSTOU DE GANHAR DE PRESENTE DE ANIVERSÁRIO?

_____
_____

5. AVALIE E MARQUE X NA AFIRMATIVA CORRETA. TODA CRIANÇA COMEMORA SEU ANIVERSÁRIO?

- ☐ SIM, TODA CRIANÇA COMEMORA SEU ANIVERSÁRIO.
- ☐ NÃO, HÁ CRIANÇAS EM GUERRAS, E OUTRAS NAS RUAS.

OUTRAS DATAS QUE COMEMORAMOS EM FAMÍLIA:

DIA DAS CRIANÇAS – 12 DE OUTUBRO.

DIA DA FAMÍLIA – 8 DE DEZEMBRO.

FESTA DO ANO-NOVO – NOITE DO DIA 31 DE DEZEMBRO.

COMEMORAÇÕES NA ESCOLA

NA ESCOLA, APRENDEMOS QUE SOMOS SERES HUMANOS E QUE FAZEMOS PARTE DA HUMANIDADE. PORTANTO, OS PROBLEMAS DA HUMANIDADE SÃO NOSSOS TAMBÉM.

DIA 5 DE JUNHO – DIA MUNDIAL DO MEIO AMBIENTE

UM DOS MAIORES PROBLEMAS DA HUMANIDADE HOJE É O DO MEIO AMBIENTE. SUAS PRINCIPAIS CAUSAS SÃO:

1. DESPERDÍCIO DE ÁGUA.
2. A FALTA DE COLETA SELETIVA DO LIXO.
3. O DESMATAMENTO.
4. POLUIÇÃO DO AR, DAS ÁGUAS E DOS SOLOS.

O DIA 5 DE JUNHO, **DIA MUNDIAL DO MEIO AMBIENTE**, FOI CRIADO PARA REFLETIRMOS SOBRE ESSES PROBLEMAS. A QUALIDADE DE VIDA NA TERRA DEPENDE DE NÓS. E CADA UM PODE FAZER SUA PARTE. VOCÊ TEM FEITO A SUA?

1. PINTE DA COR DE QUE VOCÊ MAIS GOSTA AS CENAS EM QUE O MEIO AMBIENTE ESTÁ SENDO PRESERVADO.

ILUSTRAÇÕES: DANILLO SOUZA

ILUSTRAÇÕES: DANILLO SOUZA

121

INTEGRANDO COM...
LÍNGUA PORTUGUESA

VIMOS NESTE CAPÍTULO QUE A ESCOLA É UM ESPAÇO IMPORTANTE NAS NOSSAS VIDAS. E TODOS NÓS PODEMOS AJUDAR A CONSERVÁ-LA. OBSERVE A SITUAÇÃO REPRESENTADA NA IMAGEM.

— PROFESSORA, A JANELA TÁ QUEBRADA!

— É MESMO, TURMA! QUEM PODE NOS AJUDAR A RESOLVER O PROBLEMA DO VIDRO QUEBRADO?

— AH! ENTÃO É POR ISSO QUE ESTOU SENTINDO UM FRIOZINHO!

LENINHA LACERDA

1. ASSINALE A RESPOSTA CORRETA PARA A PERGUNTA FEITA PELA PROFESSORA.

A) ☐ A COORDENADORA.   B) ☐ A MERENDEIRA.

C) ☐ O GUARDA.   D) ☐ A DIRETORA.

2. NA IMAGEM, UMA ALUNA FAZ O SEGUINTE COMENTÁRIO:

"ENTÃO É POR ISSO QUE ESTOU SENTINDO UM FRIOZINHO!"

- INTERPRETE. NA FALA DA ALUNA A PALAVRA **FRIOZINHO** TEM O SENTIDO DE ALGO:

A) ☐ LEVE.   B) ☐ PESADO.

C) ☐ INCÔMODO.   D) ☐ GOSTOSO.

VEJA AGORA A IMAGEM DA SALA DE AULA NO DIA SEGUINTE.

Fala da professora: VEJAM COMO FICOU BOA A JANELA APÓS O CONSERTO!

Fala da aluna: PUXA, ACORDEI COM DORES NO CORPO. DEVO TER PEGO UMA GRIPE POR CAUSA DO VENTO. AGORA EU É QUE ESTOU QUEBRADA!

LENINHA LACERDA

3. OBSERVE AS DUAS CENAS E RESPONDA: QUAL A DIFERENÇA ENTRE ELAS?

4. A PALAVRA "QUEBRADA" APARECEU NAS DUAS CENAS. ELA TEM O MESMO SIGNIFICADO NAS DUAS SITUAÇÕES? CONVERSE COM O PROFESSOR E OS COLEGAS.

OUTRAS LEITURAS

UNIDADE 1
SER CRIANÇA

SUPERAMIGOS. FIONA REMPT E NOËLLE SMIT. RIO DE JANEIRO: MANATI, 2010.

NA FLORESTA, É ANIVERSÁRIO DO CARACOL E TODOS OS BICHOS QUEREM PRESENTEÁ-LO COM ALGO MUITO ESPECIAL. TODOS SE DEDICARAM BASTANTE NA ESCOLHA DOS PRESENTES, MAS O CARACOL FICA CHATEADO PORQUE NÃO ENTENDE NENHUM DELES. OS ANIMAIS TERÃO QUE EXPLICAR O QUE ESTÁ POR TRÁS DE UM PRESENTE – E O QUE REALMENTE DEVE IMPORTAR.

QUEM VÊ CARA NÃO VÊ CORAÇÃO. ROSEANA MURRAY. SÃO PAULO: CALLIS E INSTITUTO HOUAISS, 2013.

ROSEANA MURRAY TRANSFORMA DITADOS EM PEQUENAS NARRATIVAS POÉTICAS, EXPLORANDO O LADO SENSÍVEL DESSAS SABEDORIAS POPULARES. DE GRÃO EM GRÃO, AS GALINHAS ENCHEM O PAPO E, DE POEMA EM POEMA, OS ALUNOS TAMBÉM!

UNIDADE 2
CRIANÇA, FAMÍLIA E AMIGOS

LÁ E AQUI. CAROLINA MOREYRA E ODILON MORAES. RIO DE JANEIRO: PEQUENA ZAHAR, 2015.

A NARRATIVA É CONTADA DA PERSPECTIVA DE UM MENINO QUE MORAVA EM UMA ÚNICA CASA COM SUA FAMÍLIA, MAS QUE, LOGO DEPOIS, PASSA A TER DUAS CASAS, REVELANDO DE FORMA SUTIL E DELICADA O PROCESSO DE DIVÓRCIO DE SEUS PAIS. APESAR DA DIFICULDADE DO TEMA, O LIVRO BUSCA TRATAR DA QUESTÃO DA SEPARAÇÃO DE FORMA POSITIVA E COMPREENSIVA.

A FAMÍLIA MOBÍLIA. TATIANA BLASS. SÃO PAULO: COSAC NAIFY, 2014.

JÁ IMAGINOU SE CADA MÓVEL DA CASA FOSSE UMA PESSOA COM NOME, ANSEIOS E EMOÇÕES? NA FAMÍLIA MOBÍLIA É ASSIM, CADA MÓVEL FAZ PARTE DE UMA GRANDE FAMÍLIA DE OBJETOS E SUAS PERSONALIDADES SÃO TODAS BASEADAS NA UTILIDADE DESSE MÓVEL DENTRO DA CASA, COMO A TELEVISÃO QUE QUER SEMPRE SER O CENTRO DAS ATENÇÕES OU A TOALHA DE MESA TEMPERAMENTAL, QUE ODEIA MIGALHAS DE PÃO.

UNIDADE 3
BRINQUEDOS E BRINCADEIRAS

EU SEI UM MONTÃO DE COISAS. ANN RAND. SÃO PAULO: COSAC NAIFY, 2010.

COM ILUSTRAÇÕES COLORIDAS E GEOMÉTRICAS, A NARRATIVA AJUDA O LEITOR A AVALIAR O QUE SABE JUNTO COM O PERSONAGEM PRINCIPAL, QUE PROCURA LISTAR COISAS QUE JÁ APRENDEU E COISAS QUE DESCOBRIU RECENTEMENTE, TRAZENDO REFLEXÕES PARA CRIANÇAS E ADULTOS.

RUÍDO. PABLO ALBO E GURIDI. BLUMENAU: GATO LEITOR, 2016.

TODO TRABALHADO EM ONOMATOPEIAS E ILUSTRAÇÕES DIVERTIDAS, ESTE LIVRO NARRA A HISTÓRIA DE PATRÍCIA E DE TODA A CONFUSÃO QUE CAUSOU AO OUVIR MÚSICA ALTA DE MANHÃ.

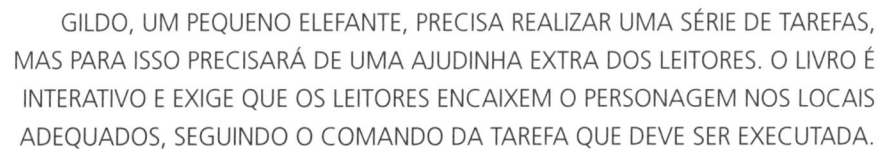

VAMOS AJUDAR O GILDO? SILVANA RANDO. SÃO PAULO: BRINQUE-BOOK, 2014.

GILDO, UM PEQUENO ELEFANTE, PRECISA REALIZAR UMA SÉRIE DE TAREFAS, MAS PARA ISSO PRECISARÁ DE UMA AJUDINHA EXTRA DOS LEITORES. O LIVRO É INTERATIVO E EXIGE QUE OS LEITORES ENCAIXEM O PERSONAGEM NOS LOCAIS ADEQUADOS, SEGUINDO O COMANDO DA TAREFA QUE DEVE SER EXECUTADA.

UNIDADE 4
VIDA NA FAMÍLIA E NA ESCOLA

É ASSIM QUE EU SOU. PIERRE WINTERS. SÃO PAULO: BRINQUE-BOOK, 2011.

O LIVRO APRESENTA PARA O PEQUENO LEITOR INFORMAÇÕES SOBRE O CORPO HUMANO. ONDE FICA O NARIZ? O QUE FAZEMOS COM A BOCA, COM OS OLHOS E OS OUVIDOS? O QUE SE PODE FAZER COM OS BRAÇOS E COM AS PERNAS? A OBRA APRESENTA RESPOSTAS PARA ESSAS E OUTRAS DÚVIDAS.

PODE SER DEPOIS? SÔNIA BARROS. SÃO PAULO: FTD, 2012.

HÁ TAREFAS QUE SÃO MUITO MAIS LEGAIS DE FAZER DO QUE OUTRAS, CERTO? NO ENTANTO, GERALMENTE ELAS SÃO IGUALMENTE NECESSÁRIAS E EXIGEM RESPONSABILIDADE E ATENÇÃO. NA HISTÓRIA DE SÔNIA BARROS, JUCA SEMPRE DEIXAVA SUAS OBRIGAÇÕES PARA DEPOIS, COLOCANDO O LAZER EM PRIMEIRO LUGAR. NA ESCOLA, SUA PROFESSORA O AJUDA A EQUILIBRAR SUAS TAREFAS E DESEJOS.

REFERÊNCIAS BIBLIOGRÁFICAS

BITTENCOURT, Circe. **Ensino de História**: fundamentos e métodos. São Paulo: Cortez, 2012.

BITTENCOURT, Circe (Organizadora). **O saber histórico na sala de aula.** São Paulo: Contexto, 2008.

BRASIL. Ministério da Educação. Avaliação no ciclo de alfabetização: reflexões e sugestões. In: BRASIL. Ministério da Educação. **Pacto nacional pela alfabetização na idade certa**. Disponível em: <http://pacto.mec.gov.br/images/pdf/Formacao/caderno_avaliacao.pdf>. Acesso em: 27 abr. 2017.

BRASIL. Ministério da Educação. **Base Nacional Comum Curricular**: terceira versão. Brasília: MEC, 2017.

BRASIL. Ministério da Educação. **Saberes e práticas da inclusão**: avaliação para identificação das necessidades educacionais especiais. Brasília: MEC; Secretaria de Educação Especial, 2006. Disponível em: <http://portal.mec.gov.br/seesp/arquivos/pdf/avaliacao.pdf>. Acesso em: 27 abr. 2017.

CAMPOS, Helena Guimarães. **História e formação para a cidadania**: nos anos iniciais do Ensino Fundamental. São Paulo: Livraria Saraiva, 2012.

FERNANDES, Cláudia de Oliveira; FREITAS, Luiz Carlos. **Indagações sobre currículo**: currículo e avaliação. Brasília: Ministério da Educação; Secretaria de Educação Básica, 2007. Disponível em: <http://portal.mec.gov.br/seb/arquivos/pdf/Ensfund/indag5.pdf>. Acesso em: 26 abr. 2017.

FONSECA, Selva Guimarães. **Fazer e ensinar História**: anos iniciais do Ensino Fundamental. Belo Horizonte: Dimensão, 2015.

HIPOLIDE, Marcia. **O ensino de História nos anos iniciais do Ensino Fundamental**. São Paulo: Companhia Editora Nacional, 2011.

HOFFMANN, Jussara. **Avaliação mediadora**: uma prática em construção da pré-escola à universidade. Porto Alegre: Mediação, 2005.

HOFFMANN, Jussara. **Avaliação**: uma perspectiva construtivista. Porto Alegre: Mediação, 2003.

HUNT, Lynn. **A invenção dos direitos humanos**: uma história. São Paulo: Companhia das Letras, 2009.

LUCKESI, Cipriano Carlos. **Avaliação da aprendizagem escolar**: estudos e proposições. São Paulo: Cortez, 2011.

NEMI, Ana; MARTINS, João Carlos; ESCANHUELA, Diego Luiz. **Ensino de História e experiências**. São Paulo: FTD, 2010.

NOVA ESCOLA. **A avaliação deve orientar a aprendizagem**. Disponível em: <https://novaescola.org.br/conteudo/356/a-avaliacao-deve-orientar-a-aprendizagem>. Acesso em: 26 abr. 2017.

PENTEADO, Heloísa Dupas. **Metodologia do ensino de História e Geografia**. São Paulo: Cortez, 1994.

PINSKY, Jaime; PINSKY, Carla Bassanezi (Organizadores). **História da cidadania**. São Paulo: Contexto, 2010.

SOBANSKI, Adriane de Quadros. **Ensinar e aprender História**: histórias em quadrinhos e canções. Curitiba: Base Editorial, 2010.

VÍDEOS

AVALIAÇÃO: caminhos para a aprendizagem. Vídeo 01. Produção: Sesc-Senac. 29 abr. 2015. Vídeo (14min45s). Disponível em: <https://www.youtube.com/watch?v=ln7pcf1Th3M>. Acesso em: 27 abr. 2017.

MATERIAL COMPLEMENTAR – MAPAS

BRASIL (POLÍTICO)

FONTE: MEU 1º ATLAS. 4. ED. RIO DE JANEIRO: IBGE, 2012. P. 98.

PLANISFÉRIO (POLÍTICO)

1. ANDORRA
2. ALBÂNIA
3. AZERBAIJÃO
4. BÓSNIA-HERZEGOVINA
5. REPÚBLICA TCHECA
6. LIECHTENSTEIN
7. HUNGRIA
10. LUXEMBURGO
11. MÔNACO
12. MACEDÔNIA
13. PAÍSES BAIXOS
14. RÚSSIA
15. ESLOVÁQUIA
16. ESLOVÊNIA

FONTE: ATLAS GEOGRÁFICO ESCOLAR. 6. ED. RIO DE JANEIRO: IBGE, 2012. P. 32.